Manfred von Bebenburg

Eigenaufträge: Eine systemische Navigationshilfe

Erwartungen an sich selbst
entschlüsseln und verändern

Vandenhoeck & Ruprecht

Mit 6 Tabellen, 21 Abbildungen und
11 Cartoons von Jörg Plannerer

Bibliografische Information der Deutschen Nationalbibliothek:
Die Deutsche Nationalbibliothek verzeichnet diese Publikation in der
Deutschen Nationalbibliografie; detaillierte bibliografische Daten sind
im Internet über https://dnb.de abrufbar.

© 2023 Vandenhoeck & Ruprecht, Robert-Bosch-Breite 10, D-37079 Göttingen,
ein Imprint der Brill-Gruppe
(Koninklijke Brill NV, Leiden, Niederlande; Brill USA Inc., Boston MA, USA;
Brill Asia Pte Ltd, Singapore; Brill Deutschland GmbH, Paderborn, Deutschland; Brill Österreich GmbH, Wien, Österreich)
Koninklijke Brill NV umfasst die Imprints Brill, Brill Nijhoff, Brill Hotei,
Brill Schöningh, Brill Fink, Brill mentis, Vandenhoeck & Ruprecht, Böhlau,
V&R unipress und Wageningen Academic.

Alle Rechte vorbehalten. Das Werk und seine Teile sind urheberrechtlich
geschützt. Jede Verwertung in anderen als den gesetzlich zugelassenen Fällen
bedarf der vorherigen schriftlichen Einwilligung des Verlages.

Umschlagabbildung: Christina Conti/shutterstock.com

Satz: SchwabScantechnik, Göttingen
Druck und Bindung: ⊕ Hubert und Co. BuchPartner, Göttingen
Printed in the EU

Vandenhoeck & Ruprecht Verlage | www.vandenhoeck-ruprecht-verlage.com

ISBN 978-3-525-40804-9

Inhalt

Eine Geschichte vorab 9

Einführung 10
Für wen ist das Buch gedacht? 10
Wie ist dieses Buch entstanden? 11
Wie ist das Buch aufgebaut? 13

1 Erste Erkundungsreise:
Eigenaufträge – worum es sich handelt 17
1.1 Was ist ein Eigenauftrag? Begriff und Systematik 17
1.2 Aufträge von außen und Eigenaufträge: Wie unterscheiden sie sich? 21
1.3 Die Entstehung von Eigenaufträgen: Ein unwillkürlicher Prozess 23
1.4 Wann ist die Analyse von Eigenaufträgen sinnvoll? 25
1.5 Selbsterprobung einer Eigenauftragsanalyse – gleich jetzt? 28

2 Zweite Erkundungsreise:
Ein Blick hinter die Kulissen 31
2.1 Welche inneren Systeme sind an Eigenaufträgen beteiligt? Ein Schema 31
2.2 Werte und Normen 36
2.3 Glaubenssätze 37
2.4 Psychologische Antreiber 39
2.5 Bedürfnisse 40
2.6 Ängste und Sorgen 42
2.7 Kleiner Exkurs: Eigen- und Fremdwahrnehmung 42
2.8 Eigenaufträge und Identität, Lebensentwurf und Lebenssinn: Eine spannende Beziehung 43
2.9 Wechselwirkungen in Eigenauftragssystemen: Von Gratwanderungen und Flowempfindungen 47

**3 Dritte Erkundungsreise:
Die Entschlüsselung von Eigenaufträgen** 49
3.1 Vom nichtsprachlichen Erleben zum sprachlichen Ausdruck ... 49
3.2 Welchen Ausdruck innere Systeme in Eigenaufträgen finden ... 52
3.3 Das Vier-Ohren-Modell und das Metamodell 57

**4 Vierte Erkundungsreise:
Wie Fremdaufträge zu Eigenaufträgen werden** 61
4.1 Aufträge von außen 61
4.2 »Verdeckte« Aufträge 62
4.3 Macht und Anpassung 63
4.4 Nicht Nein sagen können: Die Versuchung des Ja-Sagens 74
4.5 Der »Mach's-allen-recht!«-Antreiber 75
4.6 Eine kleine Rast: Die Geschichte vom Bär, der es bleiben ließ 77

**5 Fünfte Erkundungsreise:
Wie Eigenaufträge identifiziert und verändert
werden können** 81
5.1 Eigenaufträge durch gezielte Fragen bewusst machen 81
5.2 Eigenaufträge sprachlich transformieren 81
5.3 Eigenaufträge als Teile der Person: Gute Absichten würdigen ... 82
5.4 Widersprüchliche Eigenaufträge: Wie inneres
Konfliktmanagement gelingt 83
5.5 Gleiche Kontexte, gleiche Eigenaufträge? 84
5.6 Kausale Modelle von Veränderung und die Umsetzbarkeit
von Eigenaufträgen 86
5.7 Eigenaufträge und unser Umgang mit der Zeit 87
5.8 Was die sprachliche Veränderung von Eigenaufträgen bewirkt 90
5.9 Exkurs: Hinter einem Eigenauftrag stehende Glaubenssätze
verändern 91

**6 Sechste Erkundungsreise:
Interviews und Selbstbefragung – Eigenaufträgen
auf der Spur** 95
6.1 Wann ist eine Eigenauftragsanalyse hilfreich? 95
6.2 Sie haben die Wahl: Die einfache und die ausführliche Variante
der Eigenauftragsanalyse 96
6.3 Die Arbeit mit Interviewpartner*innen: Worauf es ankommt 107

6.4 Zur Methodik des Selbstinterviews: Externalisierung,
Selbstbefragung und Reflexion 108
6.5 Die Visualisierung und Aufstellung von Eigenaufträgen 110

**7 Siebte Erkundungsreise:
Eigenaufträge und Lebenskunst** 121
7.1 Eigenauftragssysteme und (neuro-)logische Ebenen:
Was verbindet sie? 121
7.2 Mit Wechselwirkungen in Eigenauftragssystemen achtsam
umgehen 125
7.3 Wie Eigenaufträge und die Verwirklichung des eigenen
Lebensentwurfs zusammenhängen 126
7.4 Gesund bleiben – auch ein Eigenauftrag 137
7.5 Exkurs: Polynesisches Segeln 139

8 Zum Schluss: Eigenaufträge und Humor 141

9 Dank 143

10 Anhang: Arbeits- und Zusatzmaterialien 145
10.1 Arbeitsblatt zur Eigenauftragsanalyse – einfache Version 145
10.2 Arbeitsblatt zur Eigenauftragsanalyse – ausführlichere Version 146
10.3 Das Metamodell der Sprache: Methode und Erläuterungen ... 151
10.4 Die Fragetechnik des Chunking up und Chunking down 159

Literatur 163

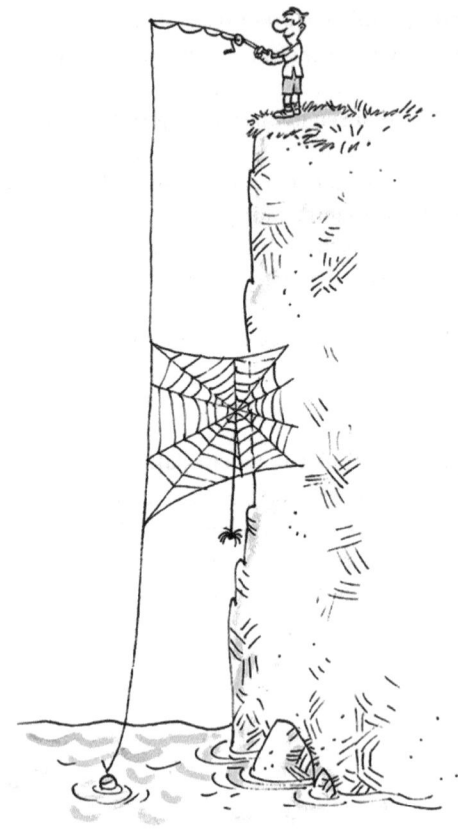

Abbildung 1: Das Buch zu lesen dauert ja ewig …

Eine Geschichte vorab

Mulla Nasrudin gilt heute auch als Till Eulenspiegel des Vorderen Orients. Er lebte vor langer Zeit (im 13./14. Jahrhundert), wahrscheinlich im südwestlichen Anatolien. Er hatte viele Berufe: Kaufmann, Richter, religiöser Lehrmeister, daher auch die Bezeichnung Hodscha. Ihm werden viele Geschichten zugeschrieben. Ob sie »wahr« sind, spielt keine Rolle, wichtig war und ist immer, was sie den Menschen lehren ...

Mulla Nasrudin und der verlorene Schlüssel

Eines Abends kehrte Nasrudin von einem Gelage bei Freunden heim. Es war bereits Mitternacht. Zu Hause angekommen, kramte er in seinen Taschen nach dem Hauschlüssel. Er konnte ihn nicht finden. Auch vor der Haustür war nichts zu sehen. In der Nähe stand eine Straßenlaterne, er begann dort zu suchen.

Ein Freund kehrte auch von dem Fest heim und sah den Mulla suchen.

»Wonach suchst du?« »Nach meinem Schlüssel.« Der Freund war hilfsbereit, und so suchten beide unter der Laterne. Es wurde später und später.

»Mulla, wir haben jetzt jeden Stein dreimal umgedreht. Dein Schlüssel ist nicht hier. Wo hast du ihn denn verloren?«

Der Mulla streifte sich den Staub vom Gewand und antwortete: »Dort hinten in der finsteren Ecke habe ich ihn verloren.« Der Mann traute seinen Ohren nicht und erwiderte ungläubig: »Aber wieso suchen wir dann hier unter dieser Laterne, und nicht dort hinten, wo du den Schlüssel verloren hast?« Der Mulla erwiderte: »Hier ist es schön hell!«

(Nacherzählt von Manfred von Bebenburg)

Einführung

Dieses Buch beginnt mit dem Begriff des Eigenauftrags und zugleich ist es das Ergebnis eines Eigenauftrags. In der Fachdiskussion kommt dieser Begriff so gut wie nicht vor. Insofern möchte ich mich hier einem Thema widmen, das zwar im beruflichen wie im privaten Leben ständig präsent ist, aber dennoch selten im Rampenlicht steht. Der Begriff »Selbstauftrag« würde sich auch anbieten, denn es handelt sich um Aufträge, die man *sich selbst* gibt. Einträge im Internet unter diesem Begriff führen allerdings unter anderem in juristische Bereiche. Aufgetaucht ist für mich der Begriff »Eigenauftrag« vor vielen Jahren im Rahmen eines Seminars, in dem es um die Auftragsklärung in Betreuungen, Begleitungen und Beratungen ging und mit Fallbeispielen aus dem Kreis der Teilnehmer*innen gearbeitet wurde. Ich erinnere mich nicht mehr genau, aber bei einer dieser Fallarbeiten fiel in der Seminarrunde der Satz: »Das ist ja ein Eigenauftrag!« Ab diesem Zeitpunkt ließ mich der Begriff nicht mehr los. In weiteren Seminaren und Fallsupervisionen entwickelte ich das theoretische Konzept und praktische Methoden des Umgangs mit Eigenaufträgen weiter. Da mir noch keine Veröffentlichung zu dem Thema über den Weg gelaufen ist, schien es mir passend, ein solches Buch für die Praxis zu verfassen.

Für wen ist das Buch gedacht?

Dieses Buch ist als praxisorientiertes Hilfsmittel für alle gedacht, die in psychosozialen Bereichen tätig sind. Es beschreibt die Entstehung von Eigenaufträgen und bietet Erklärungsmodelle an. Sie können der Veränderung von Eigenaufträgen dienen, die sich als hinderlich erweisen. Beispiele aus der Praxis veranschaulichen das Konzept.

Die Analyse von Eigenaufträgen ist neben ihrem Nutzen für die therapeutisch oder beraterisch unterstützende Tätigkeit auch eine attraktive Methode in Fallsupervisionen. Auch im privaten Bereich ist sie vor allem in ihrer einfachen Variante anwendbar.

Wenn einen etwas nervt oder hilflos macht, liegt das meistens an Eigenaufträgen. »Wie, jetzt soll ich auch noch selbst schuld sein, wenn es mir schlecht geht?!«, könnte die empörte Frage lauten. Meine Antwort lautet »Ja!«, doch nur, wenn mit »selbst schuld sein« gemeint ist, dass jemand absichtlich und wissentlich durch Eigenaufträge zur jeweiligen Situation beiträgt. Natürlich kann davon nicht die Rede sein. Niemand bringt sich und andere absichtlich durch seine Eigenaufträge in Schwierigkeiten. Allerhöchstens kann man vielleicht von Fahrlässigkeit sprechen.

Die Frage »Wozu mache ich das eigentlich?« ist eine Art rasch wirkende Medizin, um Eigenaufträge zu hinterfragen. Sich diese Frage zu stellen ist ungewohnt und macht auch nicht unbedingt Spaß: Motive oder Absichten kommen ans Licht, die vielleicht eher im Verborgenen bleiben sollten.

Wie ist dieses Buch entstanden?

Die Entstehungsgeschichte des Buchs ist bereits eine gute Einführung in das Thema selbst. Es zeichnet sich sozusagen durch die Besonderheit aus, dass es *in sich selbst* vorkommt[1]: Über Eigenaufträge zu schreiben, war die Auswirkung eines Eigenauftrags, den ich mir gegeben habe.

Ich musste eigentlich daher damit rechnen, dass ich bei diesem Eigenauftrag selbst mit all den Eigentümlichkeiten zu tun haben würde, die erkundet werden: unter anderem Stress, Burnout, Sinnkrisen. Ehrlicherweise muss ich sagen: Dass mich die Auswirkungen dieses Eigenauftrags und noch anderer, mit denen ich in der Schreibzeit massiv zu tun bekam, so »erwischen« würden, dass das ganze Projekt auf der Kippe stand, habe ich dennoch nicht erwartet.

Ein Vorteil bestand jedoch darin, dass ich gleich direkten Anschauungsunterricht bekam, wovon mein Buch handelt! Die rege

---

1 Bücher, die sich selbst enthalten, haben mich immer schon besonders fasziniert, beispielsweise »Das Kartengeheimnis« von Jostein Gaarder oder »Die unendliche Geschichte« von Michael Ende.

Nachfrage, auf die eine Veranstaltung stieß[2], ließ mich vermuten, dass das Thema der Eigenaufträge nicht nur bei mir einen Nerv traf. Obwohl meiner Erfahrung nach Eigenaufträge relativ wenig Aufmerksamkeit genießen, sind sie ständig wirksam – oder vielleicht gerade deshalb. Der Workshop, meine langjährigen Erfahrungen in der Arbeit mit Eigenaufträgen in Supervisionen und Seminaren sowie die dazu passende Anfrage des Verlags haben mich motiviert, zum Stift zu greifen.

Etwas aus meiner Sicht zum Schreiben selbst: Es ist schwierig Formulierungen zu vermeiden, hinter denen leicht der Umstand verschwinden kann, dass es sich jeweils um persönliche Ansichten, Hypothesen oder Modelle handelt und nicht unbedingt um Tatsachen. Deshalb möchte ich an dieser Stelle betonen, dass ich Konzepte und Sichtweisen verwende, die ich selbst von anderen Autor*innen übernommen und an denen ich weitergearbeitet habe, wenn sie mir als tauglich erschienen, das Phänomen der Eigenaufträge zu erklären. Vieles beruht außerdem auf meinen eigenen Erfahrungen.[3]

Wenn ich öfter das Wort »wir« verwende und dabei quasi unterstelle, die jeweiligen Sachverhalte würden für alle gelten, versuche ich damit das Wörtchen »man« zu umgehen. Im Sinne gendersensibler Sprache spreche ich auch von Leser*innen, Klient*innen usw.[4]

Manche Konzepte habe ich in Fortbildungen und Büchern kennengelernt. Die Abbildungen sind im Rahmen meiner eigenen Fortbildung- und Beratungspraxis entstanden. Insofern haben indirekt viele Kolleg*innen und Klient*innen etwas zu diesem Buch beigesteuert, wofür ich dankbar bin.

---

2 Workshop zum Umgang mit Eigenaufträgen bei der wissenschaftlichen Jahrestagung der DGSF 2018 in Oldenburg.

3 Von Erfahrungen ist oft die Rede. Ich betrachte sie relativierend als von einem selbst interpretierte Erlebnisse, obwohl sie oft wie objektive Erkenntnisse erscheinen, auf die sich jemand beruft, um eine Meinung zu untermauern.

4 Im Sinne einer gendersensiblen Sprache verwende ich die mittlerweile geläufige *-Schreibweise. In Fällen, in denen die Lesbarkeit dadurch eingeschränkt wird, weiche ich davon ab.

Wie ist das Buch aufgebaut?

Die Hauptkapitel überschreibe ich mit dem Wort »Erkundungsreise«. Das ist eine Metapher: Sinngemäß lade ich zu Reisen ein, die allerdings nicht an ferne Orte führen, sondern in unsere inneren Landschaften, mit dem Ziel, sich selbst auf diese Weise noch genauer kennenzulernen. Am Beginn der Erkundungsreisen stehen als kurze Zusammenfassung die Reiserouten.

Sie dienen der Hilfe zur Selbsthilfe, die nicht nur unsere Klient*innen brauchen: Es geht uns als Fachkräfte im psychosozialen und pädagogischen Bereich auch um unser eigenes seelisches und geistiges Wohl, denn die Arbeit macht einen großen Teil unseres Lebens und damit seiner Qualität aus. Der achtsame Umgang mit Eigenaufträgen kann somit einen Beitrag zur eigenen Gesundheit leisten (vgl. u. a. Antonovsky, 1997). Die Erkundungsreisen sollen also unsere professionelle Arbeit zum Wohle aller Klient*innen bzw. beteiligten Personen verbessern.

Dieses Buch ist auch ein Kreuz-und-Quer-Lesebuch: Manche von Ihnen, liebe Leser*innen, wollen zuerst wissen, »wie es geht«, und interessieren sich vorrangig für die Praxis. Wer im psychosozialen Bereich arbeitet, kann es sowohl für die Arbeit mit Klient*innen als auch zur Selbstreflexion verwenden; es ist für alle Berufsgruppen in diesem Bereich zu empfehlen. Darüber erfahren Sie Wesentliches auf der *sechsten Erkundungsreise*.

Manche von Ihnen möchten vielleicht zuerst erfahren, wie Eigenaufträge entstehen. In der *ersten und zweiten Erkundungsreise* erfahren Sie einiges über die Hintergründe von Eigenaufträgen. Manche von Ihnen interessiert es vielleicht am meisten, was sie tun können, um gesund zu bleiben. Dass Eigenaufträge einen maßgeblichen Einfluss auf die Gesundheit haben, ist kein alltägliches Wissen. Mehr darüber erfahren Sie auf der *siebten, der letzten Reise*. Eigenaufträge haben auch einen philosophischen Hintergrund, der hier nur behandelt wird, soweit er mir für das Verständnis des Buches erforderlich erscheint. In diesem Zusammenhang tauchen Fragen der Lebenskunst auf, auf die wir immer wieder stoßen werden.

Die systemische Rahmung des ganzen Konzepts verstehe ich als eine Art »Navigationshilfe«. Die Methode des polynesischen Segelns hat mich dabei besonders angesprochen.[5] Manche interessieren sich zuerst für den psychologischen Hintergrund und möchten sich der Betrachtung der an Eigenaufträgen beteiligten inneren Systeme widmen, die uns im Buch stets begleitet und uns vor allem in der *dritten, vierten und fünften Erkundungsreise* begegnen wird.

Der *Anhang* wird meist zuletzt gelesen. Dort erwarten Sie einige wichtige Zusatzinformationen und Arbeitsblätter, die ich in Supervisionen verwende und die Ihnen vielleicht für die Beratungspraxis hilfreich sind.

Noch ein praktischer Hinweis: Wenngleich manche Beispiele zur Analyse von Eigenaufträgen recht umfangreich ausfallen, sind sie dennoch aufschlussreich und veranschaulichen die Theorie. Es handelt sich oft um Beispiele von Kolleg*innen, die meiner Einladung gefolgt sind, meine Methodik der Eigenauftragsanalysen gerade in verzwickten Situationen zu erproben. Kurzum: Dies ist ein Buch zum Schmökern.

---

5 Gunther Schmidt hat auf der Jahrestagung der DGSF 2018 einen Vortrag darüber gehalten. Dieses Prinzip beschreibe ich in Kapitel 7.5.

Abbildung 2: Die Umsetzung von Eigenaufträgen stößt nicht immer auf Gegenliebe

1 Erste Erkundungsreise: Eigenaufträge – worum es sich handelt

Die erste Reiseroute führt durch ein Gebiet, das wir alle kennen, mit dem wir aber dennoch nicht vertraut sind. Unseren Eigenaufträgen sind wir quasi ausgesetzt. Wir merken das meist erst, wenn wir Schwierigkeiten mit der Umsetzung haben. Wie es dazu kommen kann, erläutere ich an einem Beispiel aus der Praxis. Ich führe ein Modell der Entstehung von Eigenaufträgen ein und zeige erste Möglichkeiten des Umgangs mit ihnen auf.

1.1 Was ist ein Eigenauftrag? Begriff und Systematik

Der Begriff »Eigenauftrag« steht in Verbindung mit der Auftragsklärung als einer zentralen Methode im systemischen Arbeiten. Eigenaufträge dienen oft dazu, so zu handeln, dass unser Tun für uns einen Sinn ergibt. Unglücklicherweise birgt die Umsetzung von Eigenaufträgen zugleich das Risiko, in Stress oder schlimmstenfalls in einen Burnout zu geraten.

Es ergibt übrigens wenig Sinn, den Begriff »Eigenauftrag« im normalen Alltag, im täglichen Lebensvollzug zu verwenden, obwohl er auch da hinpassen würde: Fast allem, was wir tun, geht ein Entschluss, ein innerer Impuls bzw. Vorsatz voraus, beispielsweise aufzustehen, das Zimmer aufzuräumen usw. Alles, was wir tun, würde demnach auf Eigenaufträgen beruhen. Mit den Modellen, die hier vorgestellt werden, hat dies aber nur am Rande zu tun. Im Alltag ständig an Eigenauftrag zu denken oder sie sogar zu untersuchen, ist nicht nötig und auch nicht praktikabel. Allerdings ist natürlich die Frage »Wozu mache ich das gerade?« durchaus immer dann hilfreich, wenn man erschöpft ist oder sich ärgert.

Der Begriff »Eigenauftrag« beschreibt ein Phänomen, in dem innere Systemprozesse in Wechselwirkung mit äußeren sozialen Systemen treten. Wären diese Vorgänge frei von Verwicklungen, von

Widersprüchen oder Paradoxien, dann bedürfte es wohl keiner näheren Betrachtung. Gerade der Praxis in psychosozialen Berufen ergibt sich aber oft ein anderes Bild.

Das folgende Beispiel stammt aus der sozialpädagogischen Familienhilfe (SpFH) und zeigt, wie sich dieses Hilfeangebot oft im Kontext mangelnder Freiwilligkeit bewegt und von Familien nur widerwillig angenommen wird, um dem Druck des Jugendamtes auszuweichen.

In vielen Fällen bewegen sich also die Beteiligten in einem Zwangskontext, die Grauzone zwischen der freiwilligen Inanspruchnahme von Unterstützungsangeboten des Jugendamts wie der SpFH und einer oft auch gerichtlich angeordneten Auflage der Familie gegenüber, mit der Fachkraft zusammenzuarbeiten (vgl. Conen, 1999), ist groß. Aus Sicht der Eltern wird die SpFH häufig als eine Art Puffer gegenüber den vermeintlichen und befürchteten Bestrebungen des Jugendamts gesehen, das Kind oder die Kinder »wegzunehmen«. Oft überträgt das Jugendamt einen Kontrollauftrag an die SpFH, der vom gesetzlichen Auftrag des Kinderschutzes herrührt. Dem versuchen sich die Eltern zu entziehen, so auch in diesem Fall.

Vor verschlossener Tür
Klaus versucht als Fachkraft dem Auftrag aus dem Hilfeplan und auch seinem professionellen Eigenauftrag nachzukommen. Schon bald werden die »verabredeten« Termine[6] von der Mutter abgesagt oder Klaus steht vor verschlossener Tür. Sein Ärger wächst. Dann findet mal wieder ein Termin statt, bei dem sich die Eltern einsichtig zeigen. Allerdings scheint ihnen der Zweck der SpFH und das, was im Hilfeplan verabredet wurde, meistens gar nicht mehr präsent. Klaus spricht das an. Daraufhin halten die Eltern alle Termine ein, doch nur eine Weile. Dann gibt es wieder die vergebliche Anfahrt, wieder wird die Tür nicht geöffnet. Spontan würde Klaus am liebsten den Bettel hinschmeißen.

Aber die Lage ist wegen der konstatierten Kindeswohlgefährdung schon so zugespitzt, dass die Herausnahme des Kindes droht. Das wollen die Eltern auf keinen Fall und auch Klaus möchte vermeiden,

---

6 Das Wort steht hier in Anführungszeichen, weil die Familie unter Umständen unter einer Verabredung etwas anderes versteht als Klaus.

dass es dazu kommt. Bevor es wirklich ernst wird, sozusagen im letzten Moment, nehmen die Eltern die Termine wieder wahr.

Die Beziehung zwischen der Mutter und Klaus ist im Grunde gut. Das Kind, Robert, vier Jahre alt, freut sich, wenn Klaus kommt und mit ihm spielt. Und die Mutter freut sich auch, weil sie dann etwas Ruhe hat. In Gesprächen klagt die Mutter darüber, dass Robert ihr »auf der Nase herumtanze«. Sie nimmt dankbar die Vorschläge von Klaus an. Aber beim nächsten Besuch hat sie nichts davon umgesetzt. Stattdessen klagt sie darüber, dass sie ihr Mann kaum unterstütze und nur seinen Sportverein im Sinn habe. Im Hilfeplan war jedoch eines der formulierten Ziele die »Stärkung der Erziehungsfähigkeit« der Eltern. Der Vater solle auch seine Kooperationswilligkeit zum Erreichen dieses Ziels leisten. Doch der hat hauptsächlich einen Verein im Sinn. So dreht sich alles lediglich im Kreis.

Hier folgt nun die der Untersuchung der Eigenaufträge, die bei Klaus wirksam sind. Das erfolgt anhand verschiedener Fragen (Interviewleitfaden siehe Anhang, S. 145 ff.). Die nun folgende Sammlung der Eigenaufträge wird mit EA1, EA2 usw. abgekürzt und nummeriert. Sie ergeben sich aus den Fragen des genannten Arbeitsblatts, das ich im Rahmen einer Supervision mit Klaus bearbeitet habe.

Die Antworten, die Klaus gibt, werden hier gleich in Eigenaufträge übersetzt, mit der Anrede »Du« und einem Rufzeichen versehen und in die Form eines Imperativs gebracht. Das kürzt das ganze Verfahren etwas ab und macht vor allem den Aufforderungscharakter von Eigenaufträgen deutlich. Sich ihnen mit einer Abwehr: »Mach ich nicht!« zu widersetzen, gelingt meistens nicht oder erst nach einigem Nachdenken.

Bei der Frage, was Klaus spontan am liebsten machen würde, ergeben sich gleich mehrere Eigenaufträge:

EA1: »Schmeiß den Bettel hin!«
EA2: »Konfrontiere die Eltern massiv und drohe ihnen, mit der SpFH aufzuhören!«

Es melden sich daraufhin sofort Einwände.
EA3: »Schmeiß den Bettel nicht hin, mach weiter! Den Schaden hätte Robert!«

Bei der Frage, was Klaus aus fachlicher Sicht machen sollte, ergibt sich:

EA4: »Konfrontiere sie nicht massiv, denn sonst machen die Eltern nur dicht, und auch da hätte Robert den Schaden!«

EA5: »Behalte deine wertschätzende Haltung und deine Fachlichkeit bei!«

Da sich die Eigenaufträge EA1, EA2, EA3 und EA4 widersprechen, lässt Klaus sie nach einigem Überlegen fallen. Statt sich vergeblich zu ärgern, kommt er darauf, gelassener zu bleiben, und es auch mal wieder mit Humor zu versuchen. Wenn wieder was »nicht geklappt hat«, stellt er seinen Ärger hintan, der im Grunde daher rührt, dass die Familie ihm den Erfolg seiner Arbeit »vermasselt«. Er versucht es mit einer humorvollen Spiegelung: »Würden Sie sich jetzt an meiner Stelle ärgern? Was würden Sie mir raten?« Klaus macht die Erfahrung, dass das viel besser ankommt, als sich ärgerlich zu zeigen.

Der EA5 bleibt bestehen.

EA6: »Verhindere, dass Robert aus der Familie herausgenommen wird!« und EA7: »Hole den Vater ins Boot!« können in der bestehenden Form nicht umgesetzt werden. Denn dazu ist Klaus auf die Freiwilligkeit des Vaters bzw. der Eltern angewiesen. Sie werden sprachlich etwas verändert:

EA6: »*Versuche* zu verhindern, dass Robert aus der Familie genommen wird, aber lass die Verantwortung bei den Eltern!«

EA7: »*Versuche* den Vater mit ins Boot zu holen, zum Beispiel mit einem gemeinsamen Ausflug zu dritt! Oder damit, dass er Robert in seinen Verein mal mitnimmt, *so gut das geht!*«

Die kursiv hervorgehobenen Ausdrücke zeigen sprachliche Veränderungen der Eigenaufträge, wie sie in Kapitel 2 noch genauer beschrieben und dadurch überhaupt erst umsetzbar werden.

Hinter dem EA6 und EA7 steht auch das Bedürfnis von Klaus nach der eigenen professionellen Wirksamkeit und der damit für ihn verbundenen Selbstanerkennung. Das wird ihm beim Nachdenken bewusst. Daraus ergibt sich für ihn der neu formulierter EA8: »Akzeptiere deine Grenzen!«

Durch diese Neuformulierung der Eigenaufträge fühlt sich Klaus wieder sicherer im Umgang mit der Familie und die SpFH verläuft bald um einiges besser.

Die Zahl der Eigenaufträge ist in diesem Beispiel noch übersichtlich. Wir werden anderen Beispielen begegnen, bei denen zehn oder sogar mehr Eigenaufträge zusammenkommen. Der Versuch, ihnen allen gerecht zu werden, führt meist zu Stress, zu Überforderung, verbunden mit dem Erleben von Hilflosigkeit.

Auf den nächsten Seiten werden verschiedene Zusammenhänge zwischen Eigenaufträgen, Bereichen systemischen Arbeitens und inneren Systemen untersucht. Eigenaufträge geraten in ein kritisches Licht, fast nach dem Motto: »Bloß keine Eigenaufträge.« Das sogenannte Helfersyndrom (Schmidbauer, 1978) wird inzwischen manchmal als Etikett verwendet. Eigenaufträge geraten fast schon in Verdacht, etwas Neurotisches zu sein. Das wäre ein Missverständnis: Eigenaufträge sind im Leben eine wichtige Ressource; sie sind auch Wegweiser und tragen zu wichtigen Erfahrungen bei. Sie helfen bei der Entdeckung nützlicher Erkenntnisse in allen Lebensbereichen. Wenn aber bei der Umsetzung der Eigenaufträge Schwierigkeiten auftreten, ist damit niemandem gedient. Diese möglichst zu umgehen, dafür sind die Eigenauftragsanalysen, wie sie in diesem Buch vorgeschlagen werden, vor allem gedacht.

1.2 Aufträge von außen und Eigenaufträge: Wie unterscheiden sie sich?

Aufträge, die von außen kommen, also von Klient*innen, von der eigenen Institution, von Kolleg*innen oder Vorgesetzten oder die sich aus der Konzeption eines Dienstes oder einer Einrichtung ergeben, werden sprachlich ausgedrückt. Sich mit ihnen auseinanderzusetzen, gelingt relativ leicht. Die Darstellung des Auftragskarussells (Abbildung 3) wird in diesem Zusammenhang häufig verwendet.

Oft jedoch vergisst man dabei sich selbst als Auftraggeber*in. Die Eigenaufträge fehlen im System aller Aufträge. Das kann problematische Auswirkungen in der Praxis haben. Die Eigenaufträge bleiben unbemerkt und wirken im Hintergrund umso mehr.

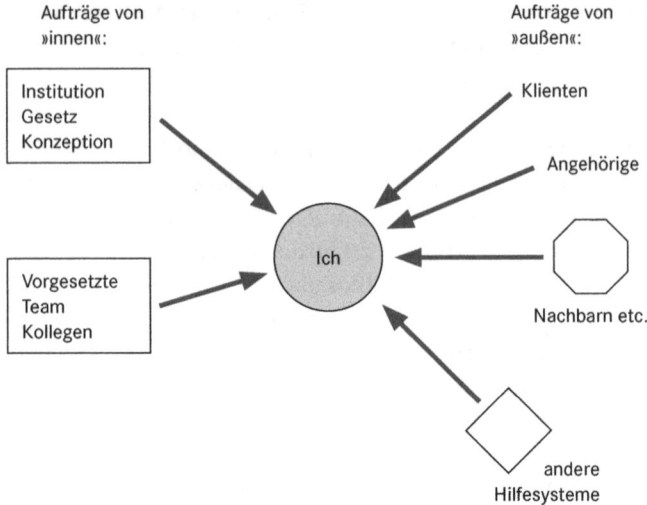

Abbildung 3: Auftragskarussell

Die Aufträge, die jemand an sich selbst richtet, lassen sich wie folgt darstellen:

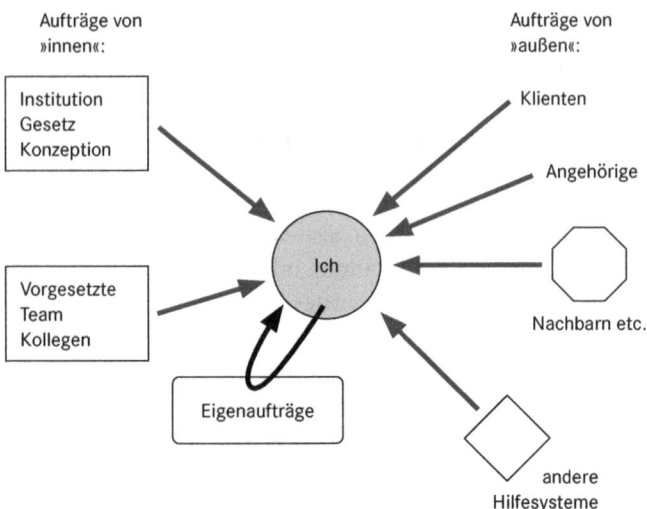

Abbildung 4: Darstellung von Eigenaufträgen im Auftragskarussell

Eigenaufträge entstehen gegenüber Aufträgen von außen im Inneren von einem selbst, meistens spontan und unwillkürlich. Sie zeigen sich in einem entsprechenden Handlungsimpuls und erscheinen einem selbst (zunächst) als unabweisbar und nicht hinterfragbar. Bildlich gesprochen: Man rennt schon und weiß noch gar nicht, warum und wozu.

Übrigens: In unserer Alltagssprache wird häufig *nicht* zwischen der Frage nach dem »Warum« und der Frage nach dem »Wozu« unterschieden, obwohl es einen gravierenden Unterschied gibt. Mit »Warum« wird nach Begründungen oder Ursachen gefragt, die Frage ist prinzipiell in die Vergangenheit gerichtet und unterstellt in der Regel einen linear-kausalen Zusammenhang zwischen einer Ursache und einer Wirkung. Was aber, wenn die zugrundeliegende Hypothese im Umgang mit lebenden Systemen fraglich ist oder nachweislich nicht stimmt?

Die Frage nach dem »Wozu« oder »Wofür« hingegen fragt, wie schon erwähnt, nach Zielen, Absichten und Motiven. Das führt zu aufschlussreicheren (Selbst-)Einsichten als die Frage nach dem »Warum«. Diese Frage kann aber auch unbequem sein, denn mit ihr wird die Aufmerksamkeit auf die eigenen Motive und Ziele gelenkt, die man manchmal vor sich selbst lieber im Verborgenen halten würde. In gewisser Weise liegt allerdings der Frage nach dem »Wozu« auch eine lineare Denkweise zugrunde: Man tut etwas, das zum Ergebnis, zum Ziel führen soll. Eigenaufträge enthalten oft unbemerkt die Annahme, dass bei genügender Anstrengung das Ziel auch erreichbar sei. Diese Annahme ist oft eine Auswirkung des »Streng-dich-an!«-Antreibers (siehe S. 39 f.). Das kann ein folgenschwerer Irrtum sein: Sich immer noch mehr anzustrengen führt nicht unbedingt zum Ziel, oft sogar zum Gegenteil.

1.3 Die Entstehung von Eigenaufträgen: Ein unwillkürlicher Prozess

Ein wesentliches Merkmal von Eigenaufträgen ist meiner Erfahrung nach, dass sie oft unwillkürlich entstehen. Das ist eine wichtige Feststellung: Würde jemand in einer Notsituation zuerst lang nachdenken und dazu eine Eigenauftragsanalyse machen (wollen), wäre das fehl am Platz, eventuell auch fahrlässig. Hier muss rasch gehandelt werden!

Eigenauftragssysteme dienen daher der Selbstorientierung, also einem Prozess, der ausreichend Zeit benötigt. Es passt das Bild eines Lotsen, der an Bord geht, um Navigationshilfe in unübersichtlichem Gewässer zu geben. In der Schifffahrt geht meistens nur ein Lotse an Bord. In unserem Zusammenhang verhält es sich jedoch so, als würden gleich viele Lotsen auf der Brücke sein. Solange sie sich über den einzuschlagenden Kurs einig sind, ist es leicht, ihnen zu folgen. Was aber, wenn sie in ganz verschiedene Richtung weisen, sich vielleicht sogar gegenseitig blockieren?

Wie bereits erwähnt, sind viele Eigenaufträge in einer Wenn-dann-Logik aufgebaut, also mit Prognosen bzw. »Hochrechnungen« darüber verbunden, was eintreten wird, wenn sie umgesetzt werden. Unser ganzes normales alltägliches Leben funktioniert auf der Basis solcher Vorhersagen: Könnten wir uns zum Beispiel nicht darauf verlassen, dass mit dem passenden Schlüssel die Haustür aufgesperrt werden kann, wären wir praktisch handlungsunfähig (es sei denn, wir machen es wie Mulla Nasrudin in der Geschichte am Anfang des Buchs). Die Wenn-dann-Logik von Eigenaufträgen hat weitreichende Konsequenzen. Es geht hier um die Arbeit mit lebenden Systemen, also mit Menschen, und nicht mit mechanischen Systemen. Autonomie, Eigensinn und Autopoiese sind ihre Eigenschaften (vgl. Maturana u. Varela, 2009). In der alltäglichen Praxis sozialer Berufe fällt es allerdings den Beteiligten manchmal sehr schwer anzunehmen, dass sich das Ergebnis nicht sicher vorhersagen lässt und oft nicht mehr möglich ist, als zu experimentieren. Das Bedürfnis nach Wirksamkeit kommt einem immer mal wieder in die Quere.

Auch externe Auftraggeber akzeptieren das oft nicht, sie erwarten von uns als Leuten »vom Fach« eindeutig wirkungsvolle, der linearen Logik folgende Interventionen: »Wieso, Sie sind doch Erzieher*in, Sie müssen das doch hinbekommen!« Solche Erwartungen abzulehnen, weil – theoretisch ausgedrückt – instruktive Interaktion bei Menschen nicht möglich ist, wird schwierig.

1.4 Wann ist die Analyse von Eigenaufträgen sinnvoll?

Die Eigenaufträge zu untersuchen und eventuell zu verändern, ist vor allem dann sinnvoll, wenn negative Empfindungen und Belastungen in einer Arbeitssituation entstehen, wie sie in Abbildung 3 (S. 22) als häufige Ergebnisse bei den Schwierigkeiten gezeigt werden. Es kann sich dabei um professionelle Situationen in Betreuung, Beratung und Therapie handeln, aber auch um schwierigen Verhältnisse in der Institution, in der man tätig ist. Jedoch können uns auch »private« Situationen extrem zusetzen.

Es folgt das Beispiel einer Kollegin, die ihre Eigenaufträge in einer für sie schwierigen Situation untersuchen wollte, was in einige Beratungstermine einmündete, an deren Ende ein neuer Eigenauftrag zum Umgang damit stand. Dessen Umsetzung und der aktuelle Stand wird zum Schluss geschildert.

Ich verwende dazu das Arbeitsblatt zur Untersuchung von Eigenaufträgen, wie es in Kapitel 5.4 genauer beschrieben wird und wie es sich auch im Anhang befindet (S.145 ff.).

Die Angst vor der Gruppe

Das Thema von Agnes ist ihr Problem, sich in Gruppen zu äußern. Agnes ist Sozialpädagogin, also »vom Fach«. Gerade da, beispielsweise im eigenen Team, ist es wichtig, sich einbringen zu können. Sie schildert die Situation, um die es geht, so: »Ich schaffe es nicht, mich in Gruppen, auch Freundesgruppen zu äußern, bleibe still, obwohl ich schon etwas zu sagen hätte und beitragen könnte. Ich bin traurig, frustriert und enttäuscht, wenn ich es wieder mal nicht geschafft habe!« Im Folgenden wird diese Situation mit XY abgekürzt.

Es folgten Fragen zur Situation, die Antworten werden gleich wieder in Eigenaufträge übersetzt.
1. *»Wonach ist dir in der Situation XY gefühlsmäßig zumute, was würdest du liebsten tun?«*
   EA1: »Sag spontan, was du beitragen möchtest!«
2. *»Was davon erlaubst du dir aber dann doch nicht?«*
   EA2: »Sei still, denn wenn du etwas Dummes sagst, wäre das sehr beschämend!«

Agnes schildert auf Nachfrage Erinnerungen an frühere Erlebnisse dieser Art: Sie lebte in einer großen Familie mit Schwestern und Cousinen. »Ich war die Jüngste, konnte nicht mitreden, wenn ich mal was gesagt habe, ist es von den anderen ignoriert worden. Das ist häufig passiert, ich kam mir klein und dumm vor und habe schließlich nichts mehr gesagt. Seitdem ist das in jeder Gruppe so.«

3. *»Welche eigene persönliche Haltung zur Situation XY vertrittst du? Was solltest du aus deiner Sicht in der Situation XY tun, um dir selbst und deiner Haltung, deinen Werten treu zu sein?«*
   EA3: »Steh zu dir selbst und zeige dich!«

4. *»Welche inneren Aufforderungen (psychologische Antreiber) spürst du in der Situation?«*
   EA4: »Sei stark, zeige keine Schwäche, wenn negative Reaktionen aus der Gruppe kommen und dir die Tränen hochsteigen (siehe Frage 6)! Ein Glaubenssatz von Agnes lautet: Tränen sind Ausdruck von Schwäche.«

5. *»Welches Bedürfnis regt sich in dir in der Situation?« (z. B. nach Sicherheit, nach Anerkennung, nach Zufriedenheit, nach Ruhe, nach Wirksamkeit)*
   EA5: »Achte darauf, dass du Anerkennung von den anderen erfährst!«

6. *»Welche Befürchtungen hegst du im Zusammenhang mit der Situation XY, je nachdem, was du tust oder auch nicht tust? Welche Befürchtungen hast du für dich? Welchen Befürchtungen für andere?«*
   EA6: »Sei still, äußere dich nicht, denn die Anderen könnten für dumm halten, was du sagst, das auch äußern oder dich ignorieren, das wäre sehr verletzend!«

7. *»Welche deiner Fähigkeiten könntest du in der Situation XY einsetzen, um etwas zu sagen?«*
   EA7: »Sei mutig!«
   EA8: »Denk dran, dass andere dich für kompetent halten, dich schätzen (z. B. dein Mann)!«

8. *»Wie könntest du dich in der Situation an deine Fähigkeiten erinnern und diese einsetzen?«*
   EA9: »Erinnere dich daran, dass, wenn der negative Fall eintritt und die anderen dich abwerten oder ignorieren und dir Tränen kommen, Tränen zu zeigen eine Stärke ist!«

EA10: »Wähle dir einen Kraftstein und stecke ihn in Gruppentreffen in deine Hosentasche, berühre ihn immer wieder!«

Auswertung der bisherigen Eigenaufträge:
EA1 und EA2 widersprechen sich, wobei die Angst, sich zu blamieren, bisher jedes Mal stärker ist als der Wunsch, sich selbstbewusst zu zeigen und in Gruppen mitzureden. In der Reflexion ergab sich, dass Agnes in einer Gruppensituation zu ihren Ressourcen Zugang behalten muss/sich erinnern muss, um den Mut aufzubringen, sich doch einmal zu äußern. Und dass ihr bisher auch der Glaubenssatz im Weg steht, es sei Schwäche, wenn sie weinen müsste, wenn die befürchtete Situation eintritt.

Schließlich ergibt sich folgende neue Liste von Eigenaufträgen:
Agnes nimmt sich vor, sich bei einer nächsten Situation in einer Gruppe von Freunden an ihre Fähigkeiten zu erinnern, und gibt sich folgende (neue) Aufträge:
EA7: »Sei mutig!«
EA8: »Denk dran, dass andere dich für kompetent halten und dich schätzen (z. B. dein Mann)!«
EA9: »Erinnere dich daran, dass, wenn der negative Fall eintritt und die anderen dich abwerten oder ignorieren und dir Tränen kommen, Tränen zu zeigen eine Stärke ist!«
EA10: »Wähle dir einen Kraftstein und stecke ihn in Gruppentreffen in deine Hosentasche, berühre ihn immer wieder!«
EA11: »Melde dich beim Interviewer, ob du es gemacht hast und wie es ablief!«

Am Schluss erfolgt bei der Eigenauftragsanalyse immer auch eine Auswertung anhand folgender Fragen:

»Wenn du die neu entstandene Liste betrachtest: Wie fühlt sich das jetzt im Vergleich zu vorher an?«
Agnes: »Ich bin etwas erleichtert, habe mehr Zuversicht.«
»Wie könntest du dich unterstützen, um dich daran zu erinnern, wenn du wieder in so einer Situation bist?«
Agnes: »An den Talisman denken und daran, wofür er steht!«

»Wer könnte dich dabei unterstützen?«
Agnes: »Nochmal so ein Interview wie heute und auswerten, wie das Ganze lief!«

Zwei Monate später hatten wir neuerlich Kontakt. Agnes berichtete: »Ich bin immer noch sehr schweigsam, habe aber mehr Mut, in Gruppen zu gehen, und habe mich auch mit kurzen Wortbeiträgen gemeldet. Da ist nichts Negatives passiert, die Leute haben zugehört und das Gespräch in der Gruppe ging weiter. Das macht mir Mut, auf dem Weg weiterzugehen.«

1.5 Selbsterprobung einer Eigenauftragsanalyse – gleich jetzt?

Ich empfehle Ihnen, liebe Leser*innen, sich einfach einmal in einer Analyse Ihrer Eigenaufträge zu versuchen. Wählen Sie eine Situation aus Ihrem beruflichen oder privaten Alltag, die immer wieder vorkommt, Sie nervt, ärgert, ratlos oder hilflos macht und sich eventuell auch in Grübeleien niederschlägt. Wesentlich ist Ihr Wunsch, künftig mit der Situation besser klar zu kommen.

Vielleicht wird es Sie überraschen, wie viele Eigenaufträge zusammenkommen und die Empfindungen sehr verständlich sind, mit denen Sie zu kämpfen haben. In Kapitel 5.8 wird auch vorgeschlagen, wie Sie bisher wirksame Eigenaufträge abwandeln oder eventuell ganz fallen lassen können. Das könnte dazu führen, dass es Ihnen künftig leichter fällt, mit der Situation umzugehen. Hinweise zur Methode finden Sie in Kapitel 6.3. Vielleicht finden Sie auch gerade jemanden, die mit Ihnen das Arbeitsblatt im Interview durchgeht. Hinweise zu dieser Methode des Interviews finden Sie in Kapitel 6.4.

In der zweiten Erkundungsreise beschäftigen wir uns nun näher mit der Entstehung von Eigenaufträgen.

Abbildung 5: Die kleine, große Welt der Eigenaufträge

2 Zweite Erkundungsreise: Ein Blick hinter die Kulissen

In dieser Erkundungsreise möchte ich ein Modell vorstellen, das zu erklären versucht, wie Eigenauftragssysteme entstehen, aus welchen Komponenten sie bestehen und welche Auswirkungen sie haben. Wir werden uns dem Ganzen Schritt für Schritt nähern und einen Blick hinter den Vorhang werfen. Warum eine Analyse von Eigenaufträgen sinnvoll ist, wird uns am Ende des Kapitels ausführlicher beschäftigen.

2.1 Welche inneren Systeme sind an Eigenaufträgen beteiligt? Ein Schema

Abbildung 6 auf der folgenden Seite (sowie auch vergrößert am Ende des Buches) zeigt, auf welcher Basis sich Eigenauftragssysteme entwickeln, welche Struktur sie haben können und was sie bewirken. Dieses grundlegende Modell ist im Laufe der Jahre bei vielen praktischen Anlässen in Seminaren, Beratungen und Supervisionen entstanden und hat stetig Weiterentwicklungen und Präzisierungen erfahren.

Ich empfehle Ihnen, das Schema als Ganzes auf sich wirken zu lassen und hier eventuell ein Lesezeichen einzufügen, denn ich werde immer wieder Bezug darauf nehmen (Sie finden es ganzseitig noch einmal ganz am Schluss des Buches auf S. 167). Vielleicht bekommen Sie schon im ersten Überfliegen eine Ahnung, wie komplex die Vorgänge sind, die hier eine Rolle spielen. Sie können gern schätzen, wie lange Sie gebraucht haben, um das Schema in etwa zu erfassen. Genauso wie wir nur Millisekunden dazu benötigen und uns diesen Vorgang meist nicht bewusst machen (es sei denn, wir werden darauf aufmerksam gemacht), entstehen Eigenaufträge ebenso unwillkürlich und meist unbemerkt.

Das Modell und seine Bestandteile lassen sich wie folgt beschreiben: Wer in seiner Arbeit mit einem Auftrag oder in anderen Lebensbereichen mit einer Situation konfrontiert wird, aktiviert unwillkürlich

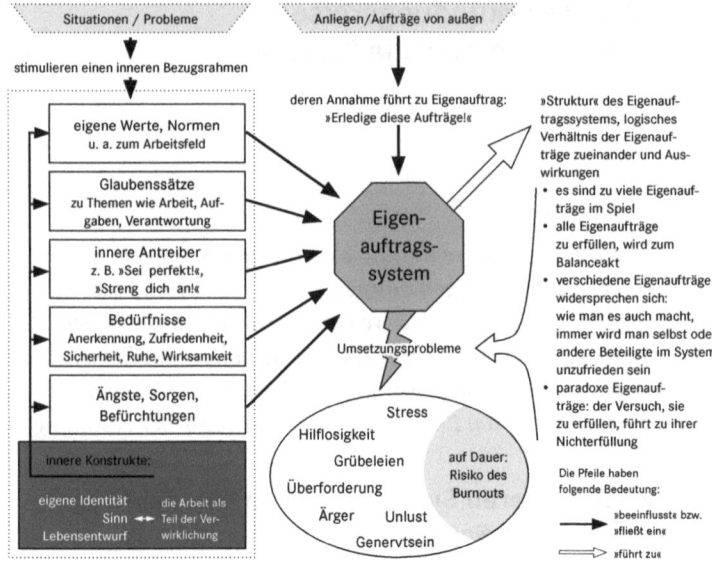

Abbildung 6: Die Entstehung eines Eigenauftragssystems und mögliche Auswirkungen (vergrößerte Abbildung siehe am Ende des Buches)

Bereiche in seinem Innenleben, die auch als neuronale Netze[7] bezeichnet werden können. Dazu gehören Werte und Normen, Glaubenssätze, psychologische Antreiber, Bedürfnisse sowie Sorgen und Ängste. Hinter diesen inneren Bereichen stehen Konstrukte von Authentizität, Lebensführung und Sinngebung, die alle in eine Wechselwirkung miteinander treten. Diese Bereiche sind aus den (neuro-)logischen Ebenen von Robert Dilts (2001, 2006) abgeleitet, auf die später noch aus-

---

7 Der Begriff der neuronalen Netzwerke oder Netze, der in der Hirnforschung unter anderem im Rahmen der Beschreibung von Lernprozessen verwendet wird, ist auch für die Entstehung eines Eigenauftragssystems von Bedeutung. Sicher haben Sie schon vom Hebb'schen Gesetz gehört: »Neurons that fire together, wire together«. Das bedeutet in unserem Zusammenhang, dass sich auch die bei Eigenaufträgen aktivierten neuronalen Verbindungen entsprechend miteinander vernetzen, wenn sie »angeregt« werden, je öfter, umso stärker werden die Verbindungen. Werden Situationen aus der Vergangenheit ähnlich wiedererlebt, kann es also sein, dass damit verknüpfte Eigenaufträge sofort wieder aktiviert werden.

führlich Bezug genommen wird. Alle diese inneren Bereiche können im Begriff des Bezugsrahmens zusammengefasst werden.[8]

Von dort gehen mehr oder minder gleichzeitig Handlungsimpulse aus, die als Eigenauftrag in einem System zusammentreffen. Sie treten in ein Verhältnis zueinander, das zu Problemen bei der Umsetzung der Aufträge führen kann. Das löst in der Folge belastende Empfindungen bzw. Befindlichkeiten aus, wie zum Beispiel Hilflosigkeit. Sie sind im Schema im ovalen Feld aufgeführt. Insgesamt verursacht die Situation Stress, der im schlimmsten Fall in ein Burnout münden kann, wenn solche Situationen immer wieder auftreten oder lange Zeit anhalten. Wenn also die Eigenaufträge nicht umgesetzt werden können, entsteht eine mehr oder minder ausgeprägte innere Not. Vor allem, wenn bei einem Scheitern in der Umsetzung von Eigenaufträgen grundsätzliche »Werte« der Person in Frage gestellt werden, kann der Stress zunehmen. Wir kommen bei der Diskussion der erwähnten (neuro-)logischen Ebenen von Robert Dilts (teilweise auch psychologische Ebenen genannt) auch auf die Frage, wie solche Situationen bewältigt werden können, zurück.

Vereinfacht lässt sich die Entstehung von Eigenaufträgen und die Folgen wie in Abbildung 7 darstellen.

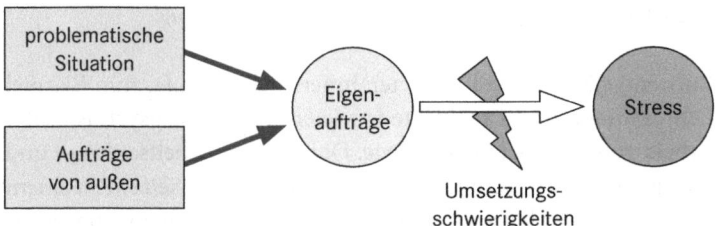

Abbildung 7: Vereinfachtes Schema der Entstehung von Eigenaufträgen und daraus resultierendem Stress

---

8 Jacqui Schiff und ihre Mitarbeiter*innen haben den Begriff »Bezugsrahmen« in die Transaktionsanalyse eingebracht. Laut ihnen liefert der Bezugsrahmen dem Individuum »ein allgemeines Wahrnehmungs-, Vorstellungs-, Gefühls- und Handlungsschema, das benutzt wird, um sich selbst, andere Menschen und die Welt strukturell und dynamisch zu definieren« (Schiff, Schiff u. Schiff, 1977, S. 128). Ich verwende dieses Konzept in einer abgewandelten Form und spreche von verschiedenen inneren Systemen (Netzwerken).

Im wissenschaftlichen Sinne ist dieses Modell nur ansatzweise beweisbar. Wie beispielsweise die inneren Netzwerke genau miteinander in Wechselwirkung stehen, ist meines Wissens bisher nicht untersucht worden. Es geht mir im Wesentlichen um den praktischen Nutzen des Modells. Zentrale Bedeutung hat in der Abbildung der Bezugsrahmen der Person. Allerdings gelingt es einem oft nicht, zu erkennen, woher die negativen Empfindungen eigentlich kommen. Manchmal beginnt man auch mit der Ursachensuche für die negativen Befindlichkeiten, die häufig in Selbstkritik oder in der Feststellung enden, dass alles von den äußeren Umständen oder den Klient*innen abhängt. Beides hilft oft in der Praxis nicht weiter und kann zur Folge haben, dass sich das Ganze wiederholt: Schon morgens entsteht Unlust und Sorge beim Gedanken an die nächsten Begegnungen mit den Klienten*innen oder auf den ganzen Fall. Dementsprechend lautet die zentrale Überlegung dieses Buches:

Viele Belastungs- und Stressempfindungen sind Auswirkungen von (zu vielen) Eigenaufträgen, zu denen noch verschärfende Umstände von außen hinzukommen, sodass Menschen angesichts der sich häufenden Anforderungen von innen und von außen im schlimmsten Fall sogar einen Burnout erleiden können. Dem kann entgegengewirkt werden – mit einer Eigenauftragsanalyse und einer Neuausrichtung.

Burnoutgefährdet sind Vertreter*innen vieler Berufe, zum Beispiel Lehrer*innen und Fachkräfte in vielen Bereichen psychosozialer Arbeit, zum Beispiel in der Pflege. Dort führen Arbeitsaufträge und die Situation insgesamt für die Mitarbeiter*innen vielfach zu einem Ausbrennen. Begleitet wird dieser Prozess oft von einem Sinnverlust und einer massiven Beeinträchtigung der Lebensqualität. Viele verlassen als Resultat ihr Berufsfeld.

Es kann aber auch sein, dass jemand nicht so ohne Weiteres neue Wege beschreiten kann und der Arbeitssituation ausgesetzt bleibt. Das Ausbrennen wird zur tragischen Notbremse. Eine Arbeit an den eigenen Eigenaufträgen und ihrer Veränderung stellt dementsprechend eine Lösungsmöglichkeit dar.

Die problematischen Relationen im Eigenauftragssystem, deren Veränderung hilfreich ist, lassen sich wie folgt skizzieren:

- Alle Eigenaufträge sind nicht umsetzbar, es sind schlichtweg zu viele.
- Die Umsetzung bestimmter Eigenaufträge wird zu einem Balanceakt: Jederzeit kann es passieren, dass die Umsetzung eines Eigenauftrags scheitert oder in Widerspruch zu einem anderen Eigenauftrag gerät, der genauso wichtig erscheint.[9]
- Einzelne Eigenaufträge stehen schon von vornherein im Widerspruch zueinander; es kann nur der eine oder andere Eigenauftrag umgesetzt werden.
- Bestimmte Eigenaufträge sind bereits in sich paradox: Die Umsetzung des Eigenauftrags führt ins Leere oder es passiert mehr vom selben. Menschen lassen sich beispielsweise nicht kontrollieren, sie entziehen sich. Und das führt auf der Seite der »Kontrolleure« zu noch mehr Kontrolle, wodurch wird die Situation buchstäblich unkontrollierbar wird.
- Wenn die Eigenaufträge einigermaßen kompatibel miteinander und, gemessen an den äußeren Verhältnissen, auch umsetzbar sind, dann wird das entstandene Eigenauftragssystem eventuell gar nicht bemerkt oder als unproblematisch erlebt. Man ist sozusagen im Reinen mit sich und damit, wie die Situation gemeistert wird. Innerer Friede stellt sich ein. Kommt es aber zu Schwierigkeiten bei der Umsetzung, entstehen Stress, Hilflosigkeit, Genervtsein. Überforderung, Grübeleien oder Unlust münden in eine Belastungssituation. Es entsteht der Impuls, das Handtuch zu werfen, sich nicht mehr mit der Situation zu befassen, während gleichzeitig die Aufträge von außen einem dies nicht so ohne Weiteres erlauben.

Die folgenden Kapitel dienen der Beschreibung der inneren Systeme, die im Modell (Abbildung 6) aufgeführt sind. Es geht danach

---

9 In der menschlichen Kommunikation zwischen Menschen wird das als »double bind« beschrieben (Watzlawick, Beavin u. Jackson, 2016). Eigenaufträge, die einen Balanceakt bedeuten, können sehr belastend wirken. Wenn der Versuch, sie umzusetzen, dazu führt, dass sie nicht umgesetzt werden, entspricht das einer Doppelbindung, denn man kann ja nicht das »Feld« einfach verlassen. Am besten ist es dann, mit den Klient*innen zu sprechen und die Situation zu erklären.

um Möglichkeiten, wie die weitgehend nichtsprachlichen Vorgänge in Worte gefasst und so der Reflexion und der Veränderung leichter zugänglich gemacht werden können.

2.2 Werte und Normen

Wenn wir mit irgendeiner Situation konfrontiert werden, machen wir unwillkürlich Soll-Ist-Vergleiche und verbinden sie – je nachdem, wie gravierend bzw. problematisch die Situation einzuschätzen ist – mit einer negativen Bewertung. Manchmal spielt die Tagesverfassung eine Rolle, wie anstrengend oder stressig gerade ohnehin alles ist. Der Wunsch kommt auf, die die Situation unbedingt und sofort zu verändern, oder es taucht der Gedanke angesichts der eigenen Überanstrengung auf: »Nicht das auch noch!«

Es entsteht der Eigenauftrag, irgendetwas zu machen, um die Situation in Richtung der eigenen Soll-Vorstellung, der eigenen Normen und Werte zu verändern: »Du kannst das nicht so lassen, tu was!« Oft kommt einem eine attraktive Idee, was getan werden könnte, um die Soll-Ist-Diskrepanz aufzulösen. Wenn man sich auch noch für die Lösung des Problems verantwortlich fühlt (ein häufiger Glaubenssatz), ist der Handlungsentschluss gefällt: Die Idee wird in die Tat umgesetzt. Das hat leicht zur Folge, dass der Kontext und die Zusammenhänge ausgeblendet werden, zum Beispiel, welchen Sinn die Situation oder das Verhalten für die Betroffenen hat.

Ein Familienvater hortet leere Flaschen

Der Vater einer Familie sammelt grenzenlos leere Flaschen und verteilt sie vor allem in seinem kleinen Garten und im Eingangsbereich des Hauses, in dem die Familie lebt. Er gilt als Messi.

Nachbarn haben sich wiederholt bei der Polizei beschwert. Die hat den Fall dem städtischen Sozialdienst weitergegeben. Der für den Bezirk zuständige Sozialarbeiter meldet sich zu einem Hausbesuch an und kommt rasch zur Überzeugung, dass das Sammeln nutzlos ist, da es sich nicht um Pfandflaschen handelt. Er erfährt, dass sich auch das Jugendamt schon eingeschaltet hat, weil die Situation negative Folgen für die beiden Kinder hat: Sie werden in der Schule wegen der Flaschensammlung gehänselt und ausgegrenzt.

Alle inzwischen mit der Situation befassten Helfer*innen definieren den Vater als Messi; sie verlieren dadurch unglücklicherweise ein Stück weit die systemische Perspektive und fragen nicht nach dem möglichen Sinn des Verhaltens. Dann wird auch das Ordnungsamt eingeschaltet. Der Vater bekommt einen rechtlichen Betreuer (für alle Bereiche). Der lässt die Flaschen nach einigen Vorwarnungen in einen Container entsorgen. Das ist auch im Sinne der Helfer*innen des Jugendamts, die eine Gefährdung des Kindeswohls wahrnehmen.

Bald darauf zeigt der Vater »psychotische Symptome« (so die ärztliche Feststellung); er spricht Drohungen aus und wird schließlich wegen Fremdgefährdung in die zuständige Klinik eingewiesen. Diese Psychiatrisierung führt zum bekannten Drehtüreffekt. Der Vater kommt immer wieder aufs Neue in psychiatrische Behandlung.

2.3 Glaubenssätze

In der Fachliteratur wird zwischen Glaubenssätzen und Glaubenssystemen unterschieden (vgl. Dilts, 2006), in der Alltagssprache ist eher von Überzeugungen die Rede. Der Begriff »Glaube« ist meist einer Religion oder Weltanschauung vorbehalten. Glaubenssätze haben oft die Eigenart, dass sie der Person selbst nicht als ein Glaube, als eine subjektive Sicht oder als Hypothesen und Vermutungen erscheinen. Vielmehr gelten sie als Tatsachen, als allgemein gültig oder durch die eigene Lebenserfahrung belegt. Sie werden nicht hinterfragt und geraten handlungsleitend in das Eigenauftragssystem. Das kann übrigens auch für die Theorien und Erklärungsmodelle gelten, mit denen gearbeitet wird. So wird Klient*innen oft etwas als »Fakt« präsentiert, was erst einmal hinterfragt werden müsste.

Fast tragisch ist das Konstrukt der sogenannten mangelnden Krankheitseinsicht. Diese gilt als Symptom der psychischen Erkrankung selbst. Das ist Beispiel eines Zirkelschlusses, der sich für die »Patienten*innen« sehr problematisch auswirkt.

Häufig drehen sich Glaubenssätze um den Zusammenhang zwischen der professionellen Kompetenz und der Erfahrung, die jemand von Kindesbeinen an macht: Große Teile der täglichen Lebenspraxis spielen sich wie bereits erwähnt in der materiellen und physikalischen Welt ab. Eine Person lernt, dass sie (wenigstens im Kleinen) bewirken kann, was sie will. So wird das Bedürfnis nach Wirksamkeit in entsprechenden Situationen wachgerufen und oft auch befriedigt – und der diesbezügliche Glaubenssatz wird verstärkt.

Glaubensätze sind oft *ungewusst*[10] und dadurch in besonderer Weise wirksam. Man folgt ihnen unwillkürlich und insoweit auch unreflektiert, da sie mit dem eigenen Wertesystem und den eigenen Bedürfnissen verbunden sind. Ein Beispiel dafür ist der Glaubenssatz, wonach die im Rahmen bestimmter theoretischer Modelle erlernten Methoden wirksam sind, wenn sie *richtig* angewendet werden. Das Bedürfnis nach Wirksamkeit in der beruflichen Praxis wird versucht zu erfüllen. Wenn das aber nicht gelingt, fällt das es dummerweise auf einen selbst zurück: Obwohl man weiß (oder wissen könnte), dass sich Menschen eigengesetzlich verhalten und sich das Bedürfnis nach Wirksamkeit nur zufällig erfüllt, ist man versucht, Ergebnisse dem eigenen Handeln zuzurechnen. Selbst wenn bei einem Erfolg Klient*innen sagen, dass man ihnen geholfen habe, bleibt unklar, ob das auf der eigenen theoriebasierten Arbeit und den gut umgesetzten Methoden oder eher einem Wunschdenken der Klient*innen beruht, dass einem geholfen worden sei, denn das fühlt sich oft besser an.

Sehr häufig drehen sich also Glaubenssätze um den Zusammenhang zwischen der professionellen Kompetenz und den von Kindesbeinen gemachten Erfahrungen über die Wirksamkeit des eigenen Tuns im Alltag. So wird das Bedürfnis nach Wirksamkeit in entsprechenden Situationen wachgerufen, wenn der Erfolg als Beleg für die eigene Fachlichkeit gilt. Auch wenn in den Ausbildungen meistens vermittelt wird, dass es auf die Mitwirkung der Klient*innen (»Kund*innen«) ankommt, wirken die obigen Glaubenssätze. Manchmal wird ein Scheitern der Beratung oder Therapie den Klient*innen angelastet, es fallen Begriffe wie »Widerstand« oder »Beratungsresistenz«. Dass sich in diese Interpretation schon wieder die linear-kausale Logik eingeschlichen hat, bleibt oft unbemerkt: Der Widerstand wirkt sich

---

10 »Ungewusst« ist eine Wortschöpfung von mir. Sie lässt an den Begriff »unbewusst« denken, bedeutet aber nicht dasselbe: Während »das Unbewusste« in der Tiefenpsychologie oder Hypnotherapie meist nur in der therapeutischen Arbeit zugänglich gemacht werden kann, ist »Ungewusstes« durch (gemeinsames) Nachdenken, Erklärungen und passende Fragen zugänglich.

störend und stärker als die therapeutische Methode oder als der gute Rat aus. Die Klient*innen sind dabei die Verlierer*innen, es liegt ja an ihrem Widerstand, und die Glaubenssätze der professionellen Helfer*innen bestehen weiter (vgl. Schmidt, 2015).

2.4 Psychologische Antreiber

Das Konzept der inneren bzw. psychologischen Antreiber stammt aus der Transaktionsanalyse und spielt auch in der Selbsthilfe- und Burnoutliteratur eine Rolle (z. B. Fiedler u. Goldschmid, 2012). In der Analyse von Eigenaufträgen werden Antreiber und ihre Wirkung deutlich, wenn die Frage gestellt wird, ob sich jemand sehr stark gefordert fühlt, so zu handeln, wie es den folgenden Mustern entspricht. Sie oder er gerät in Unruhe, wenn das in der Situation nicht zu gelingen scheint. Meistens werden dann die Anstrengungen noch verstärkt.

Antreiber sind in den frühen Kindheitsjahren verinnerlichte Verhaltensmuster oder auch Programme, für die das Kind Anerkennung oder Zuwendung von den erwachsenen Bezugspersonen erhalten hat und die ihnen oft vorgelebt wurden. In dem Modell der Antreiber werden meistens fünf voneinander unterschieden. Ihre Merkmale sind die Verallgemeinerung, die behauptete Gültigkeit in jeder Situation, bei der Arbeit und auch in anderen Lebensbereichen. Ferner sind die Grenzen- bzw. Maßlosigkeit typisch. Insofern ist ein Mensch unter ihrem Einfluss nie ganz zufrieden. Kinder übernehmen diese Muster, weil sie meistens noch keine Alternativen kennen und oft auch Ablehnung erfahren, wenn sie ihnen nicht folgen. Und sie haben ja auch etwas Gutes, geben neben der Anerkennung auch Orientierung und verhelfen oft außerdem zu Erfolg. Die »Falle« ist sozusagen die Maßlosigkeit: Tendenziell ist es nie genug, denn es geht immer noch besser, schneller, perfekter usw.

Antreiber sind also nicht von vornherein schlecht oder »pathologisch«, solange wir sie in einem gesunden Mittelmaß leben. Das kann einem aber auch leicht entgleiten und die Eigenaufträge, die aus ihnen entstehen, tragen zu Ratlosigkeit, Hilflosigkeit und schließlich zu Erschöpfung bis hin zu einem Burnout bei.

Sprachlich ausgedrückt lauten die Antreiber (Modell nach Taibi Kahler, 1980):

1. Sei (handle) immer perfekt!
2. Mach's allen recht!
3. Streng dich an! (Nur wenn du dich anstrengst, kommt etwas Gutes heraus!)
4. Beeil dich, mach schnell! (Es geht noch schneller!)
5. Sei stark, gib dir keine Blöße, mach es allein, lass dir nicht helfen und meistere alle Schwierigkeiten! Du brauchst keine Hilfe!

Gerade in helfenden Berufen sind die Antreiber »Mach's allen recht!« und »Sei stark!« besonders oft wirksam. Antreibern zu folgen, die entsprechenden Eigenaufträge in den jeweiligen Situationen zu erfüllen, gibt vielen Menschen Sinnorientierung in ihrem (Arbeits-) Leben. Gelingt dies nicht, kann es zu Sinnkrisen kommen. »Streng dich (noch mehr) an!« könnte dann helfen, raubt aber letztlich nur noch mehr Kräfte. Gesundheitliche Beschwerden und Krankschreibungen sind dann oft die Folge, nicht selten verbunden mit schlechtem Gewissen, weil jetzt die Kolleg*innen die Arbeit für einen mitmachen müssen.

Antreiber tauchen nicht immer wortwörtlich im Kopf auf oder werden so gedacht. Sie treten als Impulse auf, und wenn es nicht gelingt, sie entsprechend umzusetzen, entsteht Unbehagen und es werden eben oft noch mehr Energien mobilisiert, damit es doch noch gelingt. Denn die Ursache des Scheiterns wird nicht in den Eigenarten der Antreiber gesucht, sondern in einem selbst.

2.5 Bedürfnisse

Es gibt in der Fachliteratur viele Modelle zur Beschreibung menschlicher Bedürfnisse (z B. die Bedürfnispyramide nach Abraham Harold Maslow, die gewaltfreie Kommunikation von Marshall Bertram Rosenberg und die Transaktionsanalyse von Eric Berne).

Die häufigsten Bedürfnisse, die in der psychosozialen Arbeit eine Rolle spielen, einem selbst aber oft nicht bewusst werden, sind: Anerkennung von anderen, Wirksamkeit des professionellen Handelns (damit verbunden auch Selbstanerkennung), Sicherheit und manchmal auch Ruhe. Das Bedürfnis nach Sicherheit wird oft durch Sorgen oder sogar Ängste aktiviert, was passieren könnte, wenn bestimmte

Dinge getan oder unterlassen werden. Genauer betrachtet sind es angstgeleitete Fantasien, die in bestimmten Situationen auftauchen. Unwillkürlich wird versucht, die Situation und das Verhalten beteiligter Menschen zu kontrollieren. Dabei wird wie gesagt übersehen, dass Menschen schwer zu kontrollieren sind und sich entsprechenden Versuchen entziehen.

Scheitert die Kontrolle, werden die Kontrollversuche verstärkt. Die Klient*innen bemühen sich ihrerseits oft noch mehr, der Kontrolle zu entgehen. Es entsteht ein Teufelskreis, der zu Hilflosigkeit oder Überforderung führt, wenn es nicht gelingt, das eigene Kontrollbedürfnis zu kontrollieren. Beispielsweise gibt das Jugendamt Kontrollaufträge, die nicht genau verhandelt werden. Sie ergeben sich meistens aus dem gesetzlichen Schutzauftrag, den das Jugendamt erfüllen muss. Die Interessen der beteiligten Familien, des Allgemeinen Sozialen Dienstes (ASD) und der Sozialpädagogischen Familienhilfe (SpFH) sind so ineinander verwoben, dass es nahezu folgerichtig zu einem Katz-und-Maus-Spiel kommt. Das eigene Bedürfnis nach Wirksamkeit (nämlich die sozialpädagogische Familienhilfe *erfolgreich* durchzuführen) und die Erwartungen von außen einzulösen, bleiben teilweise oder ganz unerfüllt. Zugleich bestehen die Widersprüche im Eigenauftragssystem weiterhin. Das Beispiel von Klaus (S. 18 ff.) zeigt das Zusammenspiel der Eigenaufträge und der Aufträge von außen. Klaus meistert die Situation. Das gelingt aber nicht immer.

Erst die kritische und zugleich wohlwollende(!) Selbstreflexion lässt das Bewusstsein entstehen, dass offenbar unrealistische Erwartungen in Form von Eigenaufträgen an sich selbst gerichtet werden. Selbst dann fällt es oft schwer, sich von solchen Eigenaufträgen zu verabschieden.

Zu den Glaubenssätzen, die meist früh in der Kindheit gelernt werden, können auch noch die psychologischen Antreiber kommen. Wenn zum Beispiel der Antreiber »Streng dich an!« (siehe Kapitel 2.4) dazukommt, wird es schwer: Der rationalen Einsicht zu folgen, dass weniger Anstrengung oft besser wäre, gelingt nicht. Innerlich meldet sich gleich ein Einspruch und der Antreiber setzt sich durch, es passiert mehr desselben.

Ähnlich wie bei Werten und Normen beginnt das eigene Fundament wacklig zu werden; es kann sogar die Frage nach dem Selbstbild und dem Sinn des eigenen Tuns entstehen. Wir kommen darauf noch einmal bei der siebten Erkundungsreise zurück.

Beispielsweise enthält der Glaubenssatz »Man kann es immer noch besser machen!« die Generalisierung »immer«. Das bedeutet, dass es keine Ausnahmen gibt. In der Arbeit mit Menschen ist das fragwürdig, wenn der Glaubenssatz, dass es immer noch besser geht, kann weder bewiesen noch widerlegt werden.

Es geht nur, sich von dieser Überzeugung zu lösen, sie in der Praxis zu verwerfen. Andernfalls wird man nie fertig, ist aber am Ende des Tages wortwörtlich »echt fertig« und trotzdem unzufrieden. Hier hilft die innere Erlaubnis, den Glaubenssatz aufzugeben und sich nicht mehr von ihm bestimmen zu lassen.

2.6 Ängste und Sorgen

Je nachdem, welche Aufträge in bestimmten Situationen auch von außen kommen, werden in einem Sorgen oder sogar Ängste mobilisiert, den Aufträgen nicht gerecht werden zu können, sie nicht zu meistern, und dass in der Folge Situationen auftreten, die unbedingt vermieden werden sollten (z. B. die schon erwähnten Kindeswohlgefährdungen oder Suizidversuche von Klient*innen). Wenn es keine Möglichkeiten gibt, solche Situationen wirksam zu verhindern, zugleich aber auch der Eigenauftrag wirksam ist, das zu schaffen, entsteht Stress. Auch weniger dramatische Situationen erzeugen Ängste, weil sie mit eigenen Erwartungen (sozusagen »Hochrechnungen«) verbunden sind, was passiert oder passieren könnte, wenn diese nicht gemeistert werden. Der Glaubenssatz, es müsse einem doch gelingen, es sei nur eine Frage der eigenen Kompetenz und Wirksamkeit, verschärft den Stress. Sorgen und erst recht Ängste gehören zu den wirkmächtigsten Faktoren bei Eigenaufträgen.

2.7 Kleiner Exkurs: Eigen- und Fremdwahrnehmung

Als Leser*innen haben Sie bei der Lektüre der Beispiele, die ich zur Veranschaulichung der Theorie bzw. des Modells verwende, naturgemäß eine Außenperspektive. Von dort aus werden die widersprüchlichen und nicht umsetzbaren Eigenaufträge schnell deutlich. Es scheint leicht zu sein, sie zu verändern. Für die Betroffenen stellt sich diese Ausgangslage allerdings anders dar: Oft wehrt sich alles im Inneren dagegen, bestimmte Eigenaufträge abzuwandeln oder gar ganz fallen zu lassen, auch wenn sie offensichtlich nicht umsetzbar sind. Das hat sehr viel mit den Merkmalen selbst zu tun, welche die Funktionsweise der beteiligten inneren Systeme bzw. Netzwerke bedingen. Werte, Normen, Glaubenssätze und die psychologischen Antreiber gelten für uns als Betroffene meistens absolut und nicht nur situativ. Es handelt sich wie beschrieben um Prägungen aus Kindertagen. Gleichzeitig hängt es davon ab, wie leicht oder schwierig es für jemanden ist, Abstriche zu machen oder Ausnahmen gelten zu lassen.

Oft ist die Umsetzung von Eigenaufträgen mit der eigenen Identität und dem Sinn der Arbeit verknüpft (siehe siebte Erkundungsreise). Ein Scheitern bedeutet, dass eventuell fundamentale Werte ins Wanken geraten, gar der Lebenssinn und infrage gestellt wird, was Angst und Abwehr auslösen kann.

Bei einer Eigenauftragsanalyse geht es nicht um eine radikale Veränderung in den inneren Systemen, sondern um eine Abmilderung der Belastungen und einen Beitrag dazu, sich der Situation nicht mehr so ausgeliefert zu fühlen. Hier hilft es, sich der Zusammenhänge bewusst zu werden. Das wird nun mit verschiedenen Beispielen verdeutlicht. Es sind oft nicht einzelne Eigenaufträge für sich genommen, die einem das (Arbeits-)Leben schwermachen, sondern die Beziehungen (Relationen), in denen sie zueinander stehen. Mehr dazu erfahren Sie im folgenden Kapitel.

2.8 Eigenaufträge und Identität, Lebensentwurf und Lebenssinn: Eine spannende Beziehung

Im Schema zur Entstehung von Eigenauftragssystemen (Abbildung 6, S. 32 u. S. 167) ist auch das Konzept der »logischen« bzw. »neurologischen Ebenen« von Robert Dilts (2001, 2006) eingearbeitet. Es gibt sehr viele anschauliche Darstellungen derselben, das Grundprinzip der logischen Ebenen und ihrer Wechselwirkungen untereinander befindet sich in folgendem Bild (Abbildung 8):

Logische Ebenen
(nach Robert Dilts)

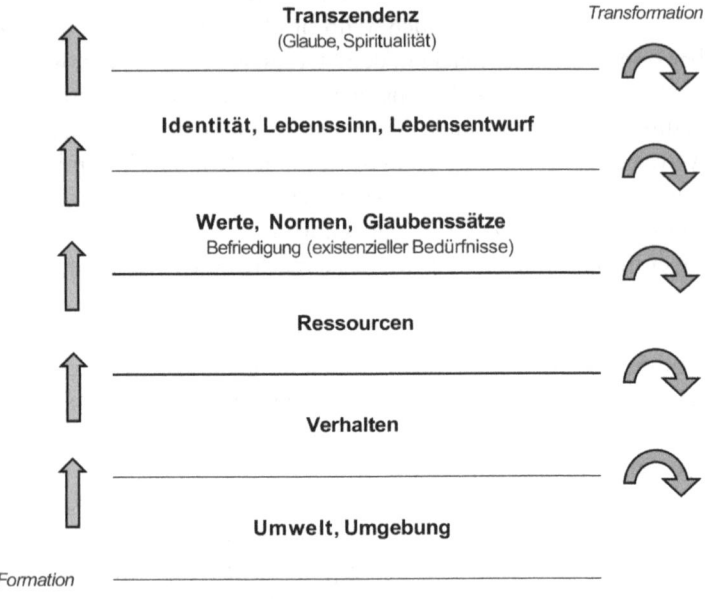

Abbildung 8: (Neuro-)logische Ebenen (nach Dilts, 2006)

Die Abbildung lässt sich folgendermaßen verstehen: Die verschiedenen abgebildeten Ebenen stehen in einer Wechselwirkung zueinander: »Formation« und »Transformation« bedeuten, dass sich die auf den Ebenen angesiedelten Faktoren gegenseitig beeinflussen und verstärken. Wenn ich zum Beispiel *nicht* glaube, über bestimmte Fähigkeiten zu verfügen oder sie entwickeln zu können, »habe« ich sie im Ergebnis auch nicht. Beispielsweise wird der Glaubenssatz »Ich kann nichts!« durch das, was dann (auf der Verhaltensebene) passiert, bestätigt.

Die (neuro-)logischen Ebenen entstehen beim Einzelnen als ein inneres Konstrukt meistens von der Art, dass der Weg zur Erfüllung der eigenen Identität und der Lebensentwürfe *nur* über die Einlösung der Wertvorstellungen, der Glaubenssätze, der Bedürfnisse und ganz bestimmter Verhaltensstrategien zu gelingen scheint und anders nicht. Diese »Einengung« mobilisiert Ängste, zu scheitern, wenn etwas nicht wie erwartet »funktioniert«, führt zu Konflikten mit sich selbst und anderen.

Die auf verschiedenen Ebenen entstehenden Eigenaufträge in der Arbeit können deshalb dazu führen, dass ihre erfolgreiche Umsetzung als Voraussetzung für das Erreichen »höherer Lebensziele« angesehen und dementsprechend dafür »gekämpft« wird. Dabei gerät die konkrete Situation, um die es geht, leicht aus dem Blick.

Im Schema zur Entstehung der Eigenauftragssysteme (Abbildung 6, S. 32 u. S. 167) werden die Identität, die Sinnkonstrukte (Sinngebungen) und der eigene Lebensentwurf [11] in ihrer *Wechselbeziehung* zu den inneren Bereichen wie Werte, Glaubenssätze, aber auch Bedürfnisse und Ängste (Sorgen), dargestellt. Dieser Zusammenhang ist uns nicht ständig präsent. Erst wenn diese zentralen Themen in unserem Erleben dadurch berührt, ja bedroht werden, dass bestimmte Eigenaufträge nicht umsetzbar sind, werden wie bereits angesprochen die Anstrengungen verstärkt, doch noch »zum Ziel« zu kommen – mit entsprechenden Folgen.

Es lohnt sich also, das eigene Konstrukt zu überprüfen, darüber nachzudenken und nach Alternativen zu suchen, wie über einen anderen Weg die Verwirklichung von Sinn in der eigenen Arbeit erreicht werden könnte. Diese Sinngebungen entstehen oft *ungewusst* (vgl. Fußnote 10, S. 38). Sie müssen nicht zwangsläufig aufgegeben werden, wenn es misslingt, bestimmte Eigenaufträge umzusetzen. Oft kann auch ein anderer Eigenauftrag zum Ziel führen. Das Motto sollte hier lauten: »Viele Wege führen nach Rom.« In der siebten Erkundungsreise wird gezeigt, wie das gelingen kann.

Je häufiger jedoch die Situation in der Arbeit eintritt, bei der Umsetzung seiner Eigenaufträge zu scheitern, und je geringer der Ein-

---

11 Dass wir unserem Dasein Sinn verleihen möchten und darauf aufbauend unser Leben entwerfen und uns entsprechende Eigenaufträge geben, erschließt sich erst bei einigem Nachdenken. Auf der siebten Erkundungsreise kommen wir noch ausführlicher darauf zurück, ich möchte aber schon hier auf die Bücher von Wilhelm Schmid (2007a, 2007b) verweisen, aus denen ich viele grundlegende Ideen gewonnen habe, die auch in dieses Werk eingeflossen sind.

fluss auf die äußeren Gegebenheiten ist, desto mehr innere Energie wird oft »verbraucht«. Dann steht das eigene Fundament bald auf sandigem Grund, zumindest wird es so erlebt. Das kann wie bereits angesprochen in vielen (psychosozialen) Berufen bis zu einer Erschöpfungsdepression führen.[12]

Es muss nicht gleich um die Veränderung des gesamten Lebensentwurfs gehen, wenn sich Sinnkrisen anbahnen. Vielmehr lohnt es sich, die Koppelung zu untersuchen, die meist unwillkürlich und unbemerkt zwischen der erfolgreichen Umsetzung von Eigenaufträgen und dem eigenen Lebensentwurf hergestellt werden. Wer zum Beispiel die Frage der Wirksamkeit in der Arbeit mit der Idee koppelt, nur dann vor sich selbst bestehen zu können (Identität), oder nur dann das eigene Arbeitsleben einen Sinn hat, wenn bestimmte Eigenaufträge erfolgreich umgesetzt werden können, gerät in Abhängigkeit von diesen Verknüpfungen und verliert ein Stück Souveränität über sich selbst. Solche innere Dynamiken haben ihre Wurzeln teilweise in der Kindheit und werden hier unbemerkt wirksam. Nicht mehr »Herr oder Frau im eigenen Haus« zu sein, kann Hilflosigkeit auslösen. Besonders in diesem Fall kann die Aufstellung von Eigenaufträgen hilfreich sein (vgl. Kapitel 6.5).[13]

Um Missverständnissen vorzubeugen: Wir bewegen uns hier im Kontext psychosozialer Arbeit in unserer wohlhabenden Gesellschaft. Es wäre zynisch, bei verheerenden Lebensumständen von Menschen das Augenmerk auf die Eigenaufträge der Betroffenen zu richten.

---

12 Die Verhältnisse in der Pflege besonders drastisch. Die überbordende Verwaltungsarbeit – die oft genug auch noch sinnlos erscheint –, der Personalmangel: Alles geht zu Lasten der Zeit, in der die Pfleger*innen unmittelbar mit ihren pflegebedürftigen Menschen arbeiten können, worin aber für sie der eigentliche Sinn ihrer Arbeit besteht, der maßgeblich zur Wahl dieses Berufs beigetragen hat. Die gesellschaftlichen Bedingungen in der Pflege sind nicht nur durch mangelnde Wertschätzung und Bezahlung dieser Arbeit, sondern oft auch durch Sinnkrisen gekennzeichnet. Aktuell haben bereits Tausende den Beruf an den Nagel gehängt – ein Teufelskreis.

13 Beim Verfassen des Buches war ich die meiste Zeit mit meinem diesbezüglichen Eigenauftragssystem »im Reinen« und habe es nicht weiter analysiert. An oberster Stelle stand für mich immer, dass es für mich einen Sinn ergab, das Buch fertigzustellen, obwohl es auf dem Weg dorthin etliche Stolpersteine gab.

2.9 Wechselwirkungen in Eigenauftragssystemen: Von Gratwanderungen und Flowempfindungen

Es sind oft nicht einzelne Eigenaufträge, die einem das (Arbeits-)Leben schwermachen, sondern die Beziehung und Wechselwirkung, die zwischen ihnen besteht. Widersprechen sich zum Beispiel zwei Eigenaufträge (wie man es auch macht, es wird »falsch« sein), läge es ja nahe, einen der Eigenaufträge fallen zu lassen. Das aber fällt oft schwer oder erscheint einem gar unmöglich. Denn hinter den Eigenaufträgen stehen jeweils Werte oder Überzeugungen, die nicht einfach über Bord geworfen werden können. Wie schon erwähnt können Hilflosigkeit und Grübeleien die Folge sein, erst recht, wenn noch mehr Widersprüche zwischen den Eigenaufträgen auftauchen und man den Überblick verliert.

Ähnlich gestaltet sich die Situation, wenn die gleichzeitige Umsetzung zweier Eigenaufträge zu einem Balanceakt wird. Es könnten zwei fachliche Überlegungen gleichermaßen wichtig, aber nur schwer gleichzeitig realisierbar sein; eine oft herausfordernde Gratwanderung steht an. Beispielsweise soll die Beziehung zum Klienten tragfähig sein, wenn sie oder er aber mit bestimmten Anforderungen von außen konfrontiert wird, kann die Reaktion im Kontaktabbruch bestehen, was jedoch aufgrund von wiederum anderen Eigenaufträgen vermieden werden soll. Der Grat ist schmal, und im Unterschied zu einem Grat im Gebirge, der unveränderbar vor dem Wanderer liegt, ist es bezüglich der Beziehung zum Klienten weder sicht- noch vorhersagbar, wann und auf welche Seite das Ganze kippt.

Wenn das Eigenauftragssystem frei von solchen problematischen Relationen ist und die Eigenaufträge weitgehend umsetzbar sind, kann sich ein Flowempfinden und Zufriedenheit einstellen. In diesen Fällen wird man dann nicht an einen genaueren Blick darauf denken, meistens gehen wir nicht zum Arzt, wenn alles gut ist (oder scheint). Vielleicht könnte es trotzdem aufschlussreich sein, sich die Zeit dafür zu nehmen, um auf diesem Weg mehr über sich selbst zu erfahren.

In der vierten Erkundungsreise wird das Instrument der Eigenauftragsanalyse in verschiedenen Varianten beschrieben und an Beispielen verdeutlicht. In der nächsten Erkundungsreise geht es aber zunächst um die sprachliche Entschlüsselung von Eigenaufträgen. Dadurch werden Veränderungen leichter möglich.

Abbildung 9: Die Verschlimmbesserung von Eigenaufträgen oder: Wenn man sich mit seinen Eigenaufträgen den Ast absägt, auf dem man sitzt

3 Dritte Erkundungsreise: Die Entschlüsselung von Eigenaufträgen

Eigenaufträge können entschlüsselt werden, wenn auf die Sprache geachtet wird. Sie können auf diese Weise bewusst gemacht, genauer untersucht und verändert werden. Um die methodischen Hilfsmittel und ihre Anwendung geht es auf dieser Reise. In der Praxis kommt es vor allem auf das Er-Hören und das Erkennen der sprachlichen Muster an, die in vielen Eigenaufträgen enthalten sind und ihre Umsetzung erschweren oder sogar verunmöglichen können. Das erfordert etwas Übung, gelingt einem aber bald von selbst.

3.1 Vom nichtsprachlichen Erleben zum sprachlichen Ausdruck

Die mit Eigenaufträgen auftretenden Handlungsimpulse haben eine Sprachform, die einem nicht bewusst wird. Oft sind es nur Gedankenblitze. Mit gezielten Fragen können sie in Sätze transformiert und so leichter der Reflexion und der Veränderung zugänglich gemacht werden. In diesem Zusammenhang kommt das Metamodell der Sprache, das unter anderem auf der Universalgrammatik nach Chomsky basiert, ins Spiel (vgl. Bandler und Grinder, 2011; siehe Anhang, S. 151 ff.). Ich empfehle Ihnen, liebe Leser*innen, hier die Lektüre zum Hintergrund des Modells und zur damit verbundenen Fragemethode einzuschieben, sollten Sie es noch nicht kennen. Dann sind Ihnen die folgenden Passagen leichter zugänglich.

Jeglicher sprachliche Ausdruck entsteht vor dem jeweils individuellen Erlebnis- und Erlebenshintergrund, unserer ganz eigenen Landkarte, was Folgen für die zwischenmenschliche Kommunikation hat, die deswegen nicht immer reibungslos verläuft. Jeder hat beispielsweise etwas anderes im Sinn, wenn er von einer Blume spricht. Wir gehen oft stillschweigend davon aus, dass der andere uns bzw. dasselbe unter dem Geäußerten versteht. Problematisch wird es zwischen Sender und Empfänger einer Botschaft, wenn Informationen weggelassen werden, die der andere als »klar« voraussetzt (vgl. Landsiedel, o. J.).

Im Metamodell wird zwischen Tilgungen, Generalisierungen und Verzerrungen (eine ausführliche Beschreibung des Metamodells findet sich im Anhang, S. 151 ff.) unterschieden, die in der Beschreibung von Ereignissen oder auch von Gedanken auftauchen. Es handelt sich um »Einschränkungen im Modell des Sprechers« mit der Folge, über weniger Wahlmöglichkeiten im Denken und Handeln zu verfügen (vgl. Bandler u. Grinder, 2011). Diese Einschränkungen wirken sich auch auf die Entstehung und auf die möglicherweise nicht erfolgreiche Umsetzung von Eigenaufträgen aus. Das Metamodell ermöglicht es, solche Dynamiken zu hinterfragen und auf diese zu reagieren. Es geht darum, aus der Oberflächenstruktur mehr über die zugrundeliegende Tiefenstruktur von in Sprache und Sätze gefassten Eigenaufträgen zu erfahren. Wir lernen unsere innere Landkarte besser kennen und erfahren mehr darüber, welche inneren Systeme auf welche Weise (siehe Kapitel 2.1) bei unseren Eigenaufträgen wirksam sind: Voraussetzung dafür ist wie angesprochen, sie in eine sprachliche Form gebracht zu haben.

In Eigenauftragsanalysen werden die Eigenaufträge notiert. Mit etwas Übung können die Tilgungen, Generalisierungen und Verzerrungen, die in Eigenaufträgen und den dahinterstehenden Werten, Glaubenssätzen und psychologischen Antreibern stecken, entdeckt werden.

Zur Beschreibung der Merkmale dient jeweils folgende Unterteilung die auch in den folgenden Tabellen (1, 2, 3 und 4) verwendet wird:
– Merkmale des inneren Systems und die (Psycho-)Logik,
– mental wirksame Universalgrammatik und sprachlicher Ausdruck des Eigenauftrags.

Mit dem nicht gebräuchlichen Begriff der Psychologik meine ich jeweils eine Logik, die nicht unbedingt einer rationalen Logik entspricht, aber Merkmale enthält, welche eigene Wahlmöglichkeiten unter Umständen einschränken. Beispielsweise kann von einer Psychologik der Angst gesprochen werden, die bewirkt, nur bestimmte Dinge zu tun oder zu vermeiden, je nachdem, welche Folgen eintreten können. Die Angst schützt uns vor Gefahren und greift auf Erfahrungen aus der eigenen Vergangenheit zurück. Wenn die Erinnerungen daran durch bestimmte Situationen geweckt werden, die mit Bedrohung, Verletzungen oder (auch seelischen) Schmerzen verbunden waren, werden Ängste aktiviert. Das passiert unwillkürlich und ist mit einer Projektion in die Zukunft, sozusagen einer Hochrechnung und den befürchteten negativen Erwartungen, verbunden. Das zu vermeiden, taucht unwillkürlich als Handlungsimpuls auf.

Statt von Angst kann (nicht ganz so drastisch) auch von der Sorge gesprochen werden, die zu einer entsprechenden Vorsicht im Handeln führt. So kann es passieren, es in der Arbeit mit Klient*innen wie schon erwähnt nicht zu wagen, offen und ehrlich auch Kritik zu äußern, weil es negative Folgen für die Betreuung haben könnte. Auf der sprachlichen Ebene zeigt sich ein von Angst oder Sorge geleiteter Eigenauftrag oft in Form von Generalisierungen oder Verzerrungen. Das wirkt wie eine Art innere Vorschrift oder Aufforderung, wie unbedingt gehandelt oder was vermieden werden sollte. Wie sich das in der sprachlichen Form des Eigenauftrag niederschlägt, steht jeweils in der rechten Spalte der folgenden Übersichten.

Einen Eigenauftrag sprachlich auszudrücken ist hier also ein Hilfsmittel, um den jeweiligen inneren Prozessen auf die Spur zu kommen, die hinter dem Eigenauftrag stehen. Es handelt sich oft gar nicht um Sätze, die genauso formuliert werden. Vielmehr tauchen sie spontan als Gedanken auf, die dann meistens ungeprüft in das Handeln einfließen.

Diese Merkmale werden einem bewusst, wenn entsprechend danach gefragt wird. Beispielsweise gilt eben der Antreiber »Sei perfekt!« praktisch in allen Lebensbereichen (Generalisierung) und er enthält eine Art Maßlosigkeit, für die es keine Grenze gibt: Es geht immer noch besser (»perfekter«). Das kann zum Beispiel dazu führen, dass jemand seinen Reisekoffer solange packt und wieder umpackt, bis alles bis ins Kleinste geordnet und an seinem Platz ist. Dabei verpasst sie oder er den Zug, weil der Antreiber auch in einer Situation wirksam ist, in der er von außen betrachtet nicht zielführend ist. Der inneren Forderung: »Sei perfekt!« *nicht* zu folgen, löst jedoch Unbehagen oder sogar eine innere Not aus.

3.2 Welchen Ausdruck innere Systeme in Eigenaufträgen finden

Tabelle 1: Normen und Werte

Normen und Werte	
Merkmale des jeweiligen Systems und innere (Psycho-)Logik	mental wirksame Universalgrammatik und sprachlicher Ausdruck des EA
unterstellte Gültigkeit im Arbeitskontext	hoher Generalisierungsgrad
scheinen keiner Begründung zu bedürfen	Kontextbedingungen, die die Gültigkeit oder praktische Umsetzbarkeit einschränken könnten, werden tendenziell nicht beachtet
(je nach persönlicher Bedeutung) hohes Maß der Anforderung an sich selbst, die Werte und Normen einzuhalten und umzusetzen	Sprachform: »*Sorge dafür, dass die (hier relevanten) Werte und Normen eingehalten werden!*«

Ein Beispiel: Als Fachkraft, beispielsweise im Bezirkssozialdienst (BSD), werden Besuche bei Klient*innen angekündigt und mit ihrer Erlaubnis auch zu Hause aufgesucht. Man betritt die Wohnung, sieht, wie es ausschaut, vergleicht das blitzschnell mit den eigenen Normen und denkt: »So zu wohnen geht doch nicht, das muss verändert werden, allein schon der Kinder wegen!« Unwillkürlich werden sofort Generalisierungen und Tilgungen erkennbar: »Wer ist ›man‹? Warum ›kann‹ man das nicht? Welche eigene Norm fließt in das Ganze ein?« Der Eigenauftrag »Ich muss etwas tun!« enthält die Tilgung »etwas«: »Was denn genau?«, ist die Frage. Und das Wort »muss« enthält eine Verzerrung und eine Tilgung zugleich: »Wieso *muss* das sein und *wer verlangt das* außer ich von mir selbst?« So wirken die eigenen Normen, die für andere Personen eventuell gar keine Bedeutung haben.

Tabelle 2: Glaubenssätze und Überzeugungen

Glaubenssätze und Überzeugungen	
Merkmale des jeweiligen Systems und innere (Psycho-)Logik	**mental wirksame Universalgrammatik und sprachlicher Ausdruck des EA**
erscheinen oft nicht als etwas, woran man glaubt, sondern als Tatsachen	hoher Generalisierungsgrad
die dahinterstehenden theoretischen Modelle und Behauptungen sind nicht oft als solche gekennzeichnet bzw. werden nicht hinterfragt	Missachtung von Kontextbedingungen, die die Gültigkeit oder praktische Umsetzbarkeit einschränken
sind oft Teile der Konzeption oder des (unausgesprochenen) Konsens im Team	aktueller Stand wissenschaftlicher Erkenntnisse werden oft nicht berücksichtigt und/oder sind nicht bekannt
gelten als hinreichend begründet	alternative Glaubenssätze (Konstrukte) werden oft nicht in Betracht gezogen
führen je nach persönlicher Bedeutung zu hohen Anforderungen, sie in der Praxis umzusetzen (»Professionalität«)	*Sprachform:* »*Sorge dafür, dass du den Tatsachen Rechnung trägst und gültige Theorien und bestehende Überzeugungen in der Situation umsetzen kannst!*«

In der Praxis werden oft Begriffe und Konzepte verwendet, die einen glauben lassen, dass es das, was sie beschreiben, auch tatsächlich gibt und für alle dasselbe bedeutet. Wie bereits erwähnt ist zum Beispiel oft von Beratungsresistenz als einer Eigenschaft von Klient*innen die Rede, die erklären soll, wieso sie auf die guten Vorschläge in einer Beratung nicht eingehen. Berater*innen sind dann quasi aus dem Schneider: Dass nichts funktioniert, liegt an der Resistenz, die fast schon als pathologisch bewertet wird, und nicht an der Methode oder Theorie, an die die Berater*innen glauben. »Der Widerstand des Patienten ist die Dummheit des Therapeuten!«, soll der bekannte Therapeut Carl Whitaker einmal gesagt haben (vgl. auch Smith, 1998). Letztlich geht es um die Plausibilität und die empirischen Belege für die Theorie, nach der Professionelle handeln. Hier gibt es leider kein

Entrinnen: Wir können nicht nicht theoretisieren. »Glaube nicht alles, was du denkst!«, lautet in diesem Sinne ein hilfreicher Spruch, oder abgewandelt: »*Glaube* nicht an deine Glaubenssätze!« Damit bekommen wir vielleicht etwas Abstand zu den eigenen erworbenen Überzeugungen, die uns in die Irre führen können.

Tabelle 3: Psychologische Antreiber

Psychologische Antreiber	
Merkmale des jeweiligen Systems und innere (Psycho-)Logik	**mental wirksame Universalgrammatik und sprachlicher Ausdruck des EA**
werden je nach Situation und persönlicher Biografie unterschiedlich aktiviert	Allgemeingültigkeit
früh verinnerlichte »Programme«, mit denen man in der Kindheit Beachtung, Anerkennung, Akzeptanz und Zugehörigkeit erfahren konnte	Maßlosigkeit, es gibt nach »oben« keine Grenze (z. B. kann man es immer noch mehr Leuten recht machen, sich noch mehr anstrengen)
den Antreibern nicht zu folgen, erzeugt auch in der Arbeitssituationen Unbehagen oder sogar Angst	Kontextbedingungen und Systemzusammenhänge werden oft nicht beachtet
»innerer Druck« ist hoch, den Programmen entsprechend zu handeln	*Sprachform: »Mach es perfekt!«, »Streng dich an!«, »Mach es (allen) recht!« »Sei stark! Mach es allein!«, »Zeig keine Schwäche!« »Beeile dich!«*

Antreiber enthalten vor allem Generalisierungen: Sie gelten für einen tendenziell immer und überall. Der spezielle Kontext, und wie sich der Antreiber im System auswirken kann, wird sprachlich und in Gedanken getilgt, es gibt keine Grenze: »Genug ist nicht genug!« ist das Motto. Das kann schließlich zur Erschöpfung führen.

Tabelle 4: Bedürfnisse

Bedürfnisse	
Merkmale des jeweiligen Systems und innere (Psycho-)Logik	mental wirksame Universalgrammatik und sprachlicher Ausdruck des EA
werden oft negiert (z. B. durch den Glaubenssatz, die persönlichen Bedürfnisse müssten in der Arbeit hintenanstehen), sind jedoch trotzdem wirksam	hoher Generalisierungsgrad
ihre Befriedigung ist gleichzeitig eine wichtige Energiequelle	Kontextbedingungen, die die Erfüllung vor allem der Bedürfnisse nach Sicherheit und Wirksamkeit einschränken können, werden oft nicht beachtet; dies kann Ängste mobilisieren
Arbeitszufriedenheit ist zugleich oft ein wichtiger Bestandteil des Lebenskonzepts	*Sprachform:»Kümmere dich darum, zu bekommen, was du brauchst!«*

Auch hier werden oft vor allem die Kontextbedingungen nicht beachtet. Getilgt ist außerdem das »Wie?«. Und »wann?« gilt es, sich auch die eigenen Bedürfnisse kümmern? Das mündet später in Unzufriedenheit und der Vorstellung, dass es eben nicht geht, auf seine Bedürfnisse zu achten: Der Glaubenssatz, dass sie in sozialen Berufen auch nicht wichtig sind oder dort nicht hingehören, spielt immer noch eine Rolle. Anderen Menschen zu helfen, gilt immer noch vielen als selbstloser Akt und hat dementsprechend gesellschaftlich einen hohen moralischen Wert, der jedoch Duck erzeugen kann.

Dass auch die eigenen Bedürfnisse eine Berechtigung haben und beachtet werden müssen, hat sich erst nach und nach als Einsicht durchgesetzt. Da hat sich in den Sinnkonstruktionen bei Helfer*innen geändert (vgl. auch siebte Erkundungsreise).

Tabelle 5: Ängste und Sorgen

Ängste und Sorgen	
Merkmale des jeweiligen Systems und innere (Psycho-)Logik	mental wirksame Universalgrammatik und sprachlicher Ausdruck des EA
werden durch Vorstellungen (Fantasien) darüber aktiviert, was passieren könnte, wenn man bestimmte Dinge tut (oder nicht tut)	Verzerrungen (semantische Fehlgeformtheit)
oft nicht überprüfte und im Grunde auch nicht überprüfbare »Hochrechnungen« auf die Zukunft	in Form von Fantasien: »Wenn ich X nicht verhindere, passiert etwas Schlimmes und ich habe versagt!«
entsprechende Vorstellungen aktivieren »erfahrungsbasiert« mehr oder minder ausgeprägte Sorgen oder gar Ängste	In Form der Verkennung von Ursache-Wirkung-Zusammenhängen, z. B.: »Wenn ich X tue, ist der andere verletzt!« (im Normalfall »entscheidet« der andere, ob er sich verletzen lässt)
durch Ängste und Sorgen ausgelöste EA sind häufig am wirksamsten	*Sprachform: »Sorge (unbedingt) dafür, dass X nicht passiert!«, »Vermeide X zu tun!«*

Hier wirken vor allem eigene Verzerrungen: Fantasien, die einem Angst einjagen, ohne es zu bemerken. Eine Wenn-dann-Logik und die Generalisierung »*Immer* wenn …, dann …« sind ebenfalls wirksam. Dadurch werden die eigenen Handlungsmöglichkeiten mehr geschränkt, als einem lieb sein kann, und die Forderungen an sich selbst, negative Folgen zu verhindern, übersteigen häufig die eigenen Möglichkeiten, was die Sorgen oder Ängste noch schürt. Das zeigt sich zum Beispiel in der Jugendhilfe, wenn es um Kindeswohl und Kinderschutz geht (siehe auch Fallbeispiel in Kapitel 1.1).

Anhand der Untersuchung der Eigenaufträge mit Hilfe des Metamodells zeigt sich, wie Wahlmöglichkeiten in der Praxis eingeschränkt werden. Sich dem in Gedanken auftauchenden, sprachlich ausgedrückten und angstgeleiteten Eigenauftrag zu widersetzen, gelingt nur schwer. Denn Ängste und Sorgen entstehen viel rascher und kommen dem Impuls, als erst einmal in Ruhe nachzudenken und zu prüfen, was realistisch ist, oft zuvor. Das hat oft unerwünschte, aber unbemerkte Folgen, wovon auch die nächste Erkundungsreise handelt. Doch zunächst soll es noch um das Vier-Ohren-Modell von Friedemann Schulz von Thun (1988) gehen.

3.3 Das Vier-Ohren-Modell und das Metamodell

Wie wir mit Aufträgen, die von außen, von anderen Menschen kommen, umgehen, hängt stark davon ab, was wir dabei *hören*. Das Metamodell der Sprache und das Modell von Friedemann Schultz von Tun (1998, 2005) sind gute Hilfsmittel, um dem Hören bei der sprachlichen Entschlüsselung von Eigenaufträgen einen entsprechenden Raum einzuräumen. Auch Aufträge in Schriftform führen im Übrigen leicht dazu, sich von Annahmen darüber leiten zu lassen, was wohl in ihnen steckt. Wesentlich ist die Frage, wie es kommt, dass wir für Aufträge von außen in einer Weise empfänglich sind, dass daraus sehr schnell Eigenaufträge werden.

Wie schon beschrieben, sind es bei der Sprache die Tilgungen, Generalisierungen und Verzerrungen, die wir bei Aufträgen von anderen sozusagen »schlucken«; auf diese Weise entfalten sie eine manipulative Wirkung, der sich auch oft die oder der Sprecher*in nicht bewusst ist. Meistens handelt es sich um Sprachgewohnheiten.

Schultz von Thun (1988)[14] beschreibt verschiedene Formen des Hörens. Es sind vier Merkmale von Mitteilungen eines anderen, für die wir in unterschiedlicher Weise empfänglich sind: die Sachebene, die Selbstoffenbarung, die Beziehungsebene und der Apell. Die beiden letzten Merkmale sind besonders wirksam. Betrachtet man die Antreiber, die durch diese Merkmale einer Aussage aktiviert werden, dann sind es vor allem der Mach's-recht-allen-Antreiber (bzw. Sei gefällig) und der Streng-dich-an-Antreiber, die bei der Botschaft eines anderen aktiviert werden.

Kombiniert man beide Modelle, dann wird beispielsweise aus der Frage »Können Sie mir helfen?« der Apell, zu helfen. Zugleich sind die Aspekte, wann, wie und wo geholfen werden soll, getilgt und

---

14 Im Internet finden sich sehr anschauliche Darstellungen des Vier-Ohren-Modells, zum Beispiel hier: https://www.schulz-von-thun.de/die-modelle/das-kommunikationsquadrat (Schulz von Thun Institut für Kommunikation, 2022).

werden vom Hörer unwillkürlich durch eigene Interpretationen ergänzt. Das eigene Modell von »helfen« wird wachgerufen und fließt meistens unbemerkt in den Eigenauftrag ein.

Hier kann Abbildung 14 (S. 85) herangezogen werden: Setzen Sie in die Gedankenblasen das Wort »helfen« ein. Dann wird nicht nur deutlich, wie rasch es zu einem Missverständnis hinsichtlich der Frage kommen kann, was »helfen« heißt. Es kann sogar zu einer Störung in der Kooperation kommen, weil sich das Auseinanderklaffen der Bedeutungsgebungen im Verhalten beider Seiten niederschlägt. Beide haben Erklärungen für das Verhalten der oder des Anderen: Das kann die »mangelnde Hilfsbereitschaft« oder »Inkompetenz« des professionellen Helfers oder der »Widerstand« des Klienten sein. Das Bild eines entgleisenden Zuges passt hier, oft wird das leider erst später bemerkt. Reparaturchancen können bestehen, wenn sich beide Seiten diese »Entgleisung« in der Beziehung mit Blick auf ihr Selbst- und oder »Weltbilds« zu erklären versuchen.

Nüchtern betrachtet kann die Frage »Können Sie mir helfen?« auch mit einem »Ja!« oder einem »Nein!« beantwortet werden. In dem Kontext, in dem die Frage gestellt wird, wäre eine solche kurze Antwort oft jedoch unhöflich oder nichtssagend. Sie kann auch konfrontierend wirken, denn nun liegt die Verantwortung wieder beim Gegenüber. Der Helfer, die Helferin in einem selbst verbietet es oft, so »grob« oder »hart« zu sein, der Eigenauftrag, dem eigenen Modell oder Vorstellungen entsprechend »zu helfen«, ist schnell entstanden. Der »worst case« ist dann, wenn vom anderen kommt: »Sie verstehen mich ja gar nicht!« Dabei hat man sich doch so bemüht!

An diesem Beispiel wird deutlich, wie wichtig das Hören ist. Deswegen spreche ich gern vom »*Er*-hören«. Auch in Schriftform vorliegende Aufträge »hört« man sozusagen mit diesen Filtern. Das eigene Hören zu schulen halte ich für eine wichtige Übung, die sogar im Zugabteil durchgeführt werden kann (siehe auch Kapitel 4.1).

Abbildung 10: Wer hat hier ein Problem? Und wer bekommt bald eines?

4 Vierte Erkundungsreise: Wie Fremdaufträge zu Eigenaufträgen werden

Die Kapitel dieser Reise beschreiben Sachverhalte und Dynamiken, die trotz Eigenreflexion in der Lebens- und Berufspraxis mächtiger wirken, als einem lieb ist. Es entsteht sogar oft eine Art Ohnmacht gegenüber diesen Prozessen und den dahinterstehenden inneren Anteilen. Ein innerer Kampf gegen diese Teile macht meistens alles noch schlimmer. Was kann stattdessen getan werden?

4.1 Aufträge von außen

Aufträge von außen werden zu Eigenaufträgen, weil sie einem im Kontext der Arbeit sinnvoll erscheinen und deshalb angenommen werden. Oder es gibt keine Alternative, als sie anzunehmen, weil eine Abhängigkeit zum Auftraggeber besteht (siehe Abbildung 11).

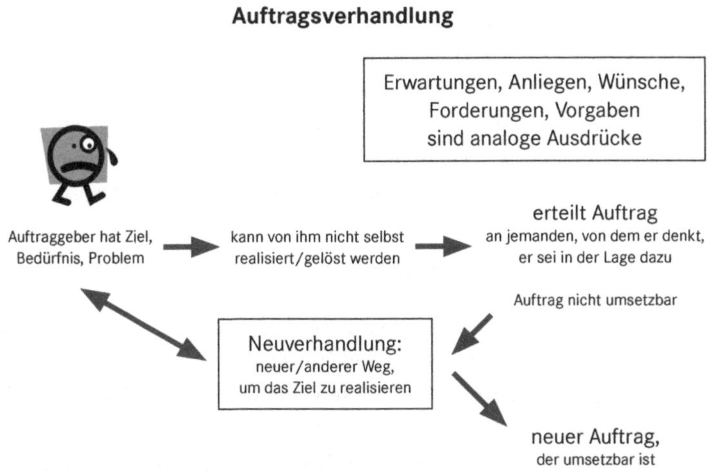

Auftragsverhandlung

Erwartungen, Anliegen, Wünsche, Forderungen, Vorgaben sind analoge Ausdrücke

Auftraggeber hat Ziel, Bedürfnis, Problem → kann von ihm nicht selbst realisiert/gelöst werden → erteilt Auftrag an jemanden, von dem er denkt, er sei in der Lage dazu

Auftrag nicht umsetzbar

Neuverhandlung: neuer/anderer Weg, um das Ziel zu realisieren

neuer Auftrag, der umsetzbar ist

Abbildung 11: Grundstruktur von Auftragsverhandlungen

Da es in Worten ausgesprochene Aufträge sind, wirkt die im Metamodell beschriebene Universalgrammatik; das wird allerdings von der Hörerin oder dem Hörer oft nicht bemerkt. Dennoch wirkt es sich auf die Bewusstseins- bzw. Denkprozesse aus, die dann in Eigenaufträge einfließen. Dieser Vorgang bleibt »unerhört« (gewissermaßen im doppelten Sinn des Wortes). Insofern hat Sprache auch eine erhebliche, oft unerwünschte manipulative Wirkung bei der Entstehung von Eigenaufträgen. Beispielsweise sagt jemand: »Es geht mir schlecht!« und schon entsteht beim Hörer eine innere Vorstellung, was das bedeutet, denn unser Gehirn ergänzt blitzschnell die in der Aussage fehlende Information: Was heißt »schlecht gehen«, seit wann ist das so und ist das ein Auftrag? Bei Aufträgen von außen genau hinzuhören, Tilgungen, Generalisierungen und Verzerrungen im Sinn des Metamodells zu »er-hören« und eventuell auch zu hinterfragen, dient häufig dem Selbstschutz. Für schriftliche Aufträge gilt Ähnliches. Diese Art eines aufmerksamen Hörens ist – so meine Erfahrung – reine Übungssache. Wer im Zugabteil einfach mal mit diesem »Filter« nur zuhört, was die Mitreisenden reden, bekommt sozusagen frei Haus eine »Hörschulung«.

Ich empfehle Ihnen, an dieser Stelle im Anhang die Ausführungen zur Fragetechnik des Metamodells zu lesen (S. 151 ff.). Sie erfahren dann auch, in welche Kontexten es nicht empfehlenswert ist, die Fragetechnik anzuwenden. Aber im beruflichen Kontext mit diesem Fokus zuzuhören, bei Aufträgen achtsam zu sein und eventuell auch nachzufragen, ist schon eine Prophylaxe gegen Eigenaufträgen, um deren Umsetzung unter Umständen niemand gebeten hat. Eine ordentliche Portion Gelassenheit kann auch in diesem Zusammenhang auf jeden Fall nicht schaden (vgl. auch Niederberger, 2011).

4.2 »Verdeckte« Aufträge

In der Fachdiskussion wird oft von »verdeckten« oder »verborgenen« Aufträgen gesprochen. Sie spielen in der therapeutischen bzw. Beratungspraxis eine Rolle und sollten identifiziert werden (vgl. z. B. Schwing u. Fryszer, 2015). Ich habe etwas Bedenken gegenüber dem Begriff und der dahinterstehenden Konzeption: Verdeckte Aufträge sind ja gerade solche, die nicht ausdrücklich ausgesprochen werden.

Obwohl Klienten*innen (oder andere Personen im System) sie nicht aussprechen wollen, scheinen sie aber auf nonverbaler Ebene unterschwellig und unbewusst zum Ausdruck zu kommen. Nonverbale Kommunikation ist jedoch vieldeutig; es bedarf der Interpretation des Beraters oder der Therapeutin. Eventuell werden solche Aufträge so auf Nachfrage bestätigt werden.

Wenn der Auftrag in dem Sinne verdeckt wäre, dass er im Verborgenen bleiben soll, wird eine Frage danach möglicherweise verneint werden. Es bleibt also alles offen und dem Gespür, der Intuition der Berater*innen oder Therapeut*innen überlassen, ob an ihrer Wahrnehmung etwas »dran« ist oder nicht. Sie sollten sich der Unsicherheit Ihrer Deutungen bewusst bleiben. Die Frage der Irrtumsanfälligkeit der Intuition wird sehr kontrovers diskutiert. Auf der Basis empirischer Forschungen wurde die Verlässlichkeit der eigenen Intuition bereits von einigen Autor*innen infrage gestellt (vgl. Kahneman, 2016, S. 288 ff.)

Dementsprechend sollte vielleicht eher offenbleiben, ob im konkreten Fall verdeckte Aufträge vorliegen. Eine behutsame Nachfrage: »Könnte es sein, dass es Ihnen auch noch um etwas anderes geht?« ist eine Möglichkeit, wie überhaupt Fragen im Konjunktiv zu stellen eine oft hilfreiche Vorgehensweise in der Beratung von Klient*innen darstellt. Wird diese Frage verneint, bleiben »verdeckte Aufträge« eine Hypothese. Das gilt auch für das Vier-Ohren-Modell von Schulz von Thun (siehe Kapitel 3.3): Auf welchem Ohr hören wir bevorzugt und reagieren unter Umständen in Form eines Eigenauftrags? Das ist Ergebnis unseres oft unbewussten »Hörfilters«. In die Abbildung 30 (S. 155) könnten unsere Hörfilter eingetragen werden.

4.3 Macht und Anpassung

Wir haben schon gesehen, dass es nicht ohne Weiteres möglich ist, sich Aufträgen, die von außen kommen, zu widersetzen, selbst wenn sie einem als unsinnig oder nicht umsetzbar erscheinen. Das gilt vor allem für Aufträge, hinter denen ökonomische oder hierarchische Macht steht. Sich dieser Situation anzupassen und diese Fremdaufträge zu übernehmen, wird oft eine (extreme) Herausforderung. Abbildung 12 veranschaulicht, was bei einem Auftrag abläuft und welche Struktur eine Neuverhandlung hat. Diese Struktur einzuhalten und danach zu fragen, welche Ziele hinter einem Auftrag stehen, kann leichter zu einer Klärung führen, als sich ausschließlich zu widersetzen.

Auftragsneuverhandlung

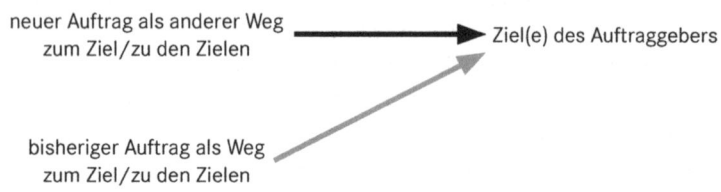

Wichtig ist, dass der Auftraggeber nicht von vornherein den Eindruck bekommt, er müsse bei der Neuverhandlung seine Ziele aufgeben. Denn das würde Abwehr erzeugen.

Abbildung 12: Verfahren zur Auftragsneuverhandlung

Die Vorbereitung von Auftragsneuverhandlungen enthält die Antwort auf folgende Fragen:
- Bezogen auf die Auftragslage insgesamt: Mit wem müsste ich neu verhandeln, um nicht von vorneherein eine Abfuhr zu bekommen?
- Bei wem hätte ich die besten Erfolgsaussichten?
- Mit wem zu verhandeln ist eher sinnlos oder riskant?

An welchen Interessen oder Bedürfnissen kann also zu Beginn der Neuverhandlung am sinnvollsten angeknüpft werden? Für die Neuverhandlungen sollte vorher ein Kontrakt gemacht werden (entsprechend Abbildung 12): »Sind Sie einverstanden, dass wir über Ihr Anliegen nochmals sprechen und darüber, wie Sie Ziel auch auf anderem Weg erreichen könnten?«

Angesichts der realen Machtverhältnisse kann es um eine »kluge« Anpassung gehen (vgl. Bergner, 2010). Aber was könnte das sein? Allein schon diese Frage könnten Sie als Leser*innen als schwer erträglich und provokant verstehen.

Wenn das Verlassen des Arbeitsfelds problematische Folgen für einen selbst oder die eigene Familie hätte, kann »kluge Anpassung« ein hilfreicher Eigenauftrag werden. Im Kontext systemischen Arbeitens kann Klugheit bedeuten, die Aufträge von mächtigeren Systemmitgliedern in derselben Weise zu untersuchen wie andere Aufträge auch. Das heißt jedoch nicht, sie zu billigen oder gut zu heißen.

Welche Ziele stehen hinter Aufträgen? In Abbildung 12 wird die Situation ganz allgemein veranschaulicht. Auftraggeber geben Aufträge, mit denen sie bestimmte Probleme lösen (lassen) und dadurch ihre Ziele erreichen wollen. Aufträge sind also Mittel zum Zweck. Dahinter steckt eventuell sehr viel Energie seitens der Auftraggeberin bzw. des Auftraggebers. Sich gegen die Aufträge zu wehren bedeutet oft, dass die *dahinterstehenden Ziele* infrage gestellt werden (obwohl das gar nicht gesagt wurde). Das kann eine Machtdemonstration provozieren: »Ich verlange das von Ihnen, basta!«

Manchmal ist aber auch die Zielsetzung als solche nicht fragwürdig, wohl aber der Weg zum Ziel, der mit der Erledigung des Auftrags eingeschlagen und von einem selbst als Auftragnehmer akzeptieren werden soll.

In Hierarchien kann es auch zu Machtdemonstrationen führen, wenn Vorgesetzte allein schon ein solches Hinterfragen ihrer Aufträge als eine Infragestellung ihrer Position interpretieren. Immerhin begibt sich ja auch die oder der Auftraggeber*in in eine Abhängigkeit: Manche mögen das nicht und reagieren auf Einwände mit einem Befehl: »Sie haben das zu machen! Sie sind ja schließlich vom Fach!« Wer will das infrage stellen?

Da hilft einem zumindest der Gedanke: »Genau deshalb, *weil ich vom Fach bin,* wollte ich ja mit Ihnen verhandeln!« Das auszusprechen ist manchmal auch einen Versuch wert, denn die Bereitschaft von Vorgesetzten als Auftraggeber, über den Auftrag zu verhandeln, ist eventuell doch größer als angenommen. Ein solcher Versuch erfordert natürlich auch Mut. Die Einleitung gegenüber Vorgesetzten: »Ich habe noch eine Frage …«, kann ein hilfreicher Schritt sein. Denn es wird offengelassen, um welche Frage es sich handelt, kann also Neugier erzeugen, um als Nächstes zu erfragen, von welchem Konzept von Fachlichkeit der Auftraggeber ausgeht.

Klugheit kann aber auch bedeuten, die Verantwortung für den Auftrag und was damit erzielt werden soll, beim Auftraggeber zu lassen. Als Auftragnehmer*in hat man das unter den gegebenen Umständen Mögliche versucht. Wenn es um die Kostenträger geht, liegt es meistens nicht in Ihrer Einflusssphäre, darüber zu verhandeln: Was der Kostenträger fordert und bereit ist, zum Beispiel im Rahmen der Leistungsvereinbarung für die jeweiligen Aufträge zu zahlen, haben Ihre Vorgesetzten (oder deren Vorgesetzte) verhandelt. Was dabei herausgekommen ist, kann unsinnig erscheinen. Aber auch Ihre Vorgesetzten stehen oft angesichts der ökonomischen Abhängigkeit mit dem Rücken zur Wand. Klug kann bedeuten, diese Zusammenhänge und Abhängigkeiten im Blick zu behalten. Die eigene Lage ist auch durch ein Dilemma gekennzeichnet: Die Sicherung des Gehalts und der fachliche Sinn der Eigenaufträge stehen oft im Widerspruch zueinander. Selbstständig Tätige sind Auftraggeber und Auftragnehmer zugleich und haben etwas mehr Spielräume, welche Eigenaufträge sie sich geben und welche nicht. Die Machtfrage stellt sich dementsprechend anders. Auf all diese Situationen können wir nicht nicht reagieren, auch wenn uns das lieber wäre.

Wie eine Eigenauftragsanalyse weiterhelfen kann, soll nun ausführlich an einem Beispiel verdeutlicht werden. Darin geht es nicht um die konkrete Arbeit mit Klient*innen, sondern um die Verhältnisse in einer Institution und einen Wertekonflikt, in dem sich die Kollegin befindet. Zu dieser Problematik kommt hier nun eine Auftragsanalyse, die ich über zwei Gespräche hinweg mit einer Kollegin durchgeführt habe. Das Beispiel zeigt, wie durch Widersprüche bei den Eigenaufträgen gleich mehrere Dilemmata entstehen können, aus denen herauszufinden mühselig ist.

Den Ball flach halten oder sich positionieren?

Die realen Machtverhältnisse in der Stelle, in der Selina arbeitet, und der Umgang mit Mitarbeiter*innen stehen im krassen Widerspruch zum offiziellen vertretenen Menschenbild. Die Atmosphäre in der Einrichtung, in der ambulante Beratung angeboten wird und die sich in Trägerschaft eines Spitzenverbands der freien Wohlfahrtspflege befindet, ist schlecht und von der Angst der Mitarbeiter*innen geprägt, offen ihre Meinung zu äußern. Für Selina entsteht ein Dilemma: Ihr eigenes Wertesystem und ihr Konzept von Sinn und Identität stehen im erheblichen Widerspruch zu ihrem Wunsch, auf der Position zu bleiben. Es scheint bislang keinen Ausweg zu geben. Die Zusammenarbeit mit dem Geschäftsführer, Herrn Keller, gestaltet sich schwierig. Dessen Haltung steht mit den Werten, die im Verband und in der Einrichtung nach außen vertreten werden, überhaupt nicht im Einklang; so erleben es Selina und ihre Kolleg*innen.

Selina findet ihre direkte Chefin Marga toll. Deren Kollege Wilfried war Bereichsleiter; er ist überraschend vor einigen Wochen gestorben. Seitdem ist Marga direkt dem Geschäftsführer, Herrn Keller, unterstellt und wird von ihm abwertend und autoritär behandelt.

Selina hat Geschichten gehört, wie der Geschäftsführer mit Marga angesichts des Todes des Kollegen Wilfried umgegangen ist: kein Wort des Bedauerns oder der Wertschätzung der Arbeit des verstorbenen Kollegen. Für Marga war er sehr wichtig, sie trauert massiv und bekommt andererseits viel Druck vom Geschäftsführer. Sie ist am Rande ihrer Kräfte angelangt.

Selina spürt massiv einen inneren Auftrag: »Ich kann das nicht schon wieder wie zu Lebzeiten des Kollegen so hinnehmen!« Sie hat in der Einrichtung schon früher eine ähnliche Situation erlebt und sich darüber sehr aufgeregt. Ihre Kolleg*innen haben ihr geraten, »den Ball flach halten«. Es gäbe eine »schwarze Liste«: Mitarbeiter*innen, die sich aufgelehnt hätten, seien einfach versetzt wurden. Selina hat dasselbe schon live erlebt: Der Geschäftsführer hat gegenüber Marga Drohungen ausgesprochen, wenn ihr etwas nicht passe, könne sie ja gehen.

Selina ist im Dilemma: »Ich kann doch nicht wieder nichts sagen und das Ganze tolerieren!«, denkt sie. Andererseits: »Ich habe eine tolle Chefin und ein tolles Team. Ist es überhaupt mein Auftrag, dagegen etwas zu tun oder nicht? Soll ich mich dafür einsetzen, dass es meiner Chefin besser geht?«

Selina kommt sich scheinheilig vor, wenn sie sich innerlich aufregt und zugleich den Geschäftsführer freundlich grüßt. Sie fragt sich auf einen Nenner gebracht: »Soll ich Widerstand in dieser Diktatur leisten und den Mund aufmachen oder lieber schweigen?«

Selina befindet sich also in einem Wertedilemma. Sie mag ihre Arbeit sehr gern und möchte ihre Klient*innen darin unterstützen, weiterzukommen. Es geht ihr aber auch um Loyalität mit den Kolleg*innen und um Kampfgeist – sie will nicht alles herunterschlucken. Sie fühlt sich sehr unsicher und hat Stress: »Wie ich es mache, ist es falsch!« Sie ist wütend und schämt sich.

Zur Untersuchung der Eigenaufträge werden Fragen gestellt. Selinas Antworten werden hier – wie in den Beispielen bislang – gleich in die grammatikalische Form eines Imperativs übersetzt. Das Arbeitsblatt, das sich im Anhang als ausführliche Variante der Eigenauftragsanalyse findet (S. 146 ff.), liegt der Befragung von Selina zugrunde.

1. *»Was würdest du am liebsten spontan tun?«*
   EA1: »Geh zum Geschäftsführer und geig ihm die Meinung!«
   Das wäre eine Entlastung für die Wut, ein Ventil. Zugleich würde ich meine Selbstachtung bewahren und nicht zulassen, dass Herr Keller so mit Menschen umgeht.« (Das berührt auch die Frage »Wer will ich sein?«)
2. *»Was davon lässt du dann doch fallen?«*
   EA2: »Mach das nicht, stelle ihn nicht zur Rede! Schade dir nicht selbst! Du hast Konsequenzen zu befürchten, die du nicht möchtest (Versetzung), oder müsstest ganz gehen, obwohl dir die Arbeit gefällt und du das Team und Marga schätzt. Du kannst Herrn Keller nicht ändern!«
   Selina gibt dem Impuls, ihn zur Rede zu stellen, nicht nach, denn sie befürchtet die Folgen dieses Handelns. Außerdem überlegt sie: »Wenn ich das täte, wäre mein Ziel, dass Herr Keller sein Verhalten ändert, aber das wird nicht passieren!«
3. *»Wenn du es von deinen Werten aus betrachtest: Wie müsstest du handeln?«*
   Selina geht durch den Kopf: »Ich mache es bisher genauso wie alle anderen Mitarbeiter im Verband, ich begebe mich in eine Ohnmachtssituation. Indem ich nichts tue, lasse ich es im Kollektiv zu, dass der Geschäftsführer mit uns so umgehen kann. Ich schäme mich dafür.« Daraus resultiert der Eigenauftrag:
   EA3: »Lass es nicht zu, dass so mit euch im Kollektiv umgegangen wird. Mach den Mund auf, sei ein anständiger Mensch!«
   EA4: »Bleib deinem Wertesystem treu!«
4. *»Wie müsstest/solltest du von einem professionellen Standpunkt aus mit der Situation umgehen?«*

»Professionell wäre, mir im Klaren darüber zu sein, dass ich in einem hierarchischen System arbeite und es realistischer ist, nur bis zur nächsten Ebene zu denken, also bis zu meiner unmittelbaren Vorgesetzten Marga. Alles darüber ist tabu, weil ich dort keinen Einfluss habe. Wenn ich das nicht akzeptiere, müsste ich die Einrichtung und den Verband verlassen. Das aber kommt für mich nicht in Frage.«

Nach einigem Überlegen: »Um meinem Wertesystem und meiner professionellen Haltung treu zu bleiben, müsste ich mich auf eine konstruktive Weise in solchen Situationen einbringen. Es wäre für mein Wertesystem schon gut, dass ich mich auf irgendeine Art und Weise zeige. Ich sehe, dass es schwierig ist, aber in konstruktiver Form müsste es irgendwie gehen.«

EA5: »Bringe deine Werte auf eine konstruktive Weise ein!«

5. *»Welche Bedürfnisse regen sich in der Situation bei dir?«*
»Ich will mich auf jeden Fall um die Situation kümmern.«
EA6: »Kümmere dich, lass es nicht einfach laufen!«

6. *»Welche Sorgen oder Befürchtungen hast du, je nachdem was du tust oder auch lässt?«*
»Wenn ich den Mund aufmache, geht es nachteilig für mich aus, es bringt nichts. Zusätzlich habe ich Bedenken, dass Marga Ärger vom Geschäftsführer bekommt, weil sie ja meine Vorgesetzte ist, und ihr dann noch vorgeworfen wird, sie habe ihre Mitarbeiter nicht im Griff. So würde ich ihr noch zusätzlich schaden.«
EA7: »Bleib still, schade nicht dir selbst, aber auch nicht deiner Kollegin Marga!«

7. *»In welcher Weise ist durch die ganze Situation die Sinnfrage für dein Leben betroffen?«*
»Dadurch, dass ich homosexuell bin, habe ich immer in Gruppen meine Meinung gesagt. Ich habe immer offen dazu gestanden, was mir wichtig ist, und jetzt kann ich das nicht! Dass ich offen meine Meinung sage, ist normalerweise mein Weg in die Freiheit und der Weg zu mir. Wenn ich das hier nicht konstruktiv umsetzen kann, muss ich akzeptieren, dass es Ausnahmen gibt: Es gibt Situationen, in denen mein routiniertes Verhalten anderen schadet.«
EA8: »Handle realistisch und stelle deine Prinzipien nicht über die Belange der Klienten*innen und der Kolleg*innen!«

8. »*Handelst du bisher echt, fühlst du dich authentisch?*«
»Authentisch erlebe ich mich schon noch, weil ich mit dem Geschäftsführer keinen unmittelbaren Kontakt habe. Ich fühle mich derzeit noch nicht in meiner Selbstachtung abgewertet, da ich mich ja noch nicht entschieden habe, wie ich damit umgehe. Derzeit verhalte ich mich noch insofern authentisch, dass ich schon mit Kolleginnen darüber gesprochen habe, was wir gemeinsam tun könnten. Ich mache was und lasse es nicht nur laufen.«

Die Auftragslage bleibt widersprüchlich, auch unter Punkt 8 sind sehr viele Eigenaufträge im Spiel (EA9 bis EA14). Nach dem ersten Durchgang durch die Fragen entstand eine lange Liste: Nur bei den wichtigsten Eigenaufträge sollte daher weiter bedacht werden, wie sie umsetzbar sind. Auf einer Skala von 1 bis 5, steht 5 für »sehr wichtig und kann nicht fallen gelassen werden« und 1 steht für »unwichtig, kann fallen gelassen werden«. Selina gab ihren Eigenaufträgen folgende Werte:

EA1: »Sag dem Geschäftsführer die Meinung!« (4)
EA2: »Schade dir nicht selbst!« (4)
EA3: »Sei ein anständiger Mensch!« (5)
EA4: »Bleib deinem Wertesystem treu!« (1)
EA5: »Bringe dich konstruktiv ein!« (4)
EA6: »Kümmere dich, lass es nicht einfach laufen!« (2)
EA7: »Schade deiner Kollegin Marga nicht!« (2)
EA8: »Stell deine Prinzipien nicht über die Belange der Klienten und Kolleg*innen!« (5)
EA9: »Sei nicht scheinheilig! Bleibe authentisch!« (4)
EA10: »Akzeptiere das System im Verband!« (3)
EA11: »Akzeptiere deine Endlichkeit, akzeptiere deine Einflussgrenzen!« (4)
EA12: »Kümmere dich um die Situation und um Marga!« (4)
EA13: »Versteck dich nicht!« (5)
EA14: »Bleib dir selbst treu! Sei ehrlich!« (5)

Schließlich entschied sie sich, nur noch mit den Eigenaufträgen mit dem Skalenwerden 5 und 4 weiterzuarbeiten und alle anderen zurückzustellen:

EA1: »Sag dem Geschäftsführer die Meinung!« (4)
EA2: »Schade dir nicht selbst!« (4)
EA3: »Sei ein anständiger Mensch!« (5)
EA5: »Bringe dich konstruktiv ein!« (4)
EA8: »Stell deine Prinzipien nicht über die Belange der Klienten und Kolleg*innen!« (5)
EA9: »Sei nicht scheinheilig! Bleibe authentisch!« (4)
EA11: »Akzeptiere deine Endlichkeit, akzeptiere deine Einflussgrenzen!« (4)
EA12: »Kümmere dich um die Situation und um Marga!« (4)
EA13: »Versteck dich nicht!« (5)
EA14: »Bleib dir selbst treu! Sei ehrlich!« (5)

Die Liste der Eigenaufträge wurde mit der Skalierung etwas übersichtlicher, trotzdem blieben Widersprüche bestehen: Zum Beispiel steht EA5 für Selina im Widerspruch zu EA1.

Der Hauptwiderspruch, mit dem Selina zu kämpfen hat, entsteht durch die Gegenüberstellung von einerseits: »Sag dem Geschäftsführer deine Meinung!« und andererseits: »Stelle ihn *nicht* zur Rede, *sondern* überprüfe, was realistischerweise erreicht werden kann.« *Und:* »Nimm aber auch ernst, was zu befürchten ist, wer davon den Schaden hätte!«

Aus dem Entweder-oder entsteht aus der Verbindung der beiden Eigenaufträge ein Sowohl-als-auch. Bei der Eigenauftragsanalyse ist das oft ein wichtiger Lösungsansatz, nämlich zu überlegen, wie sich Widersprüche durch genaueres Nachdenken relativieren oder sogar auflösen lassen. Oft ist es möglich, das Eine *und* das Andere zu tun, wenn man klug mit den Widersprüchen umgeht. Das erfordert ein Nachdenken, dem die Eigenaufträge mit ihrem Impulscharakter häufig entgegenstehen.

Der Eigenauftrag 12 »Kümmere dich um die Situation und um Marga!« enthält Tilgungen: Was heißt das konkret? Es gibt verschiedene Möglichkeiten sich um die Situation zu kümmern, um welche handelt es sich? Wenn das nicht konkret überlegt wird, haben solche Tilgungen eher eine lähmende Wirkung.

Selina überlegt: »Welche der obigen Eigenaufträge sind nicht umsetzbar? Kann ich zu hundert Prozent meinem Wertesystem treu bleiben? Eher nicht!« Das bedeutet die Korrektur der Generalisierung, die im Eigenauftrag steckt. »Bringe dich konstruktiv ein!« Dieser Eigenauftrag enthält auch wieder eine Tilgung: »In welcher Weise?« ist zu fragen, »Was heißt das konkret?«

Alle obigen Eigenaufträge können aus Selinas Sicht gut bestehen bleiben, wenn sie präzisiert werden. Bis auf den Eigenauftrag 1, zum Geschäftsführer zu gehen und ihm die Meinung zu sagen: »Das hat voraussichtlich nur Nachteile und keinen positiven Effekt!«

Nach einigen Tagen haben wir die Analyse fortgesetzt: Selina hat inzwischen über Varianten nachgedacht, zum Beispiel einen offenen Brief an den Geschäftsführer zu schreiben. Es entsteht ein neuer Eigenauftrag:

EA15: »Schreibe einen offenen Brief!«

Darin soll es um den Umgang mit dem Todesfall des Bereichsleiter Wilfried gehen: Wie ist er als Geschäftsführer mit dem Tod des Mitarbeiters umgegangen? Wie steht er zu dem Todesfall? Selina würde ihre *Irritation* zum Ausdruck bringen und nicht direkt in eine Konfrontation gehen. Real hat er sich um das Thema und die Auswirkungen auf die Kolleg*innen nicht gekümmert. »Ich will hören, wie er zum Tod eines Mitarbeiters steht«, denkt sich Selina. Dieser Brief würde sich mit dem Eigenauftrag »Bring dich konstruktiv ein!« im Einklang befinden.

Auf die Frage: *»Was hätte diese konstruktive Vorgehensweise für einen Effekt?«* antwortet Selina: »Im besten Fall wäre es ein Impuls für den Geschäftsführer nachzudenken und zu sehen, dass sein Verhalten bemerkt wird!«

Auf die Frage: *»Kann die Situation jetzt so bleiben? Wäre das eine Möglichkeit, konstruktiv zu handeln?«* erwidert Selina: »Ja, es ist halt der zweitbeste Weg, aber das ist schon mal gut. Ich wäre nicht bloß Mitläufer, würde mich nicht bloß verstecken.« Der Eigenauftrag 5 »Bring dich konstruktiv ein!« könnte auch bedeuten, »dass wir sehr fürsorglich innerhalb unseres Teams miteinander umgehen und ich mich *darum* kümmere!«

Die nächste Frage lautet: *»Im Hinblick auf die Eigenaufträge mit mehr als Skalenwert 4 oder 5: Wo sind dann die Widersprüche? Was ist umsetzbar?«*

Selina überlegt: Der Eigenauftrag »Sei kein Mitläufer, sei nicht scheinheilig, versteck dich nicht!« könnte sich eher schädlich auswirken und widerspricht dem Eigenauftrag »Lass es bleiben, schade dir nicht selbst!« Das Ziel des Eigenauftrags, dass der Geschäftsführer über sein Verhalten nachdenkt, ist nicht gesichert erreichbar. Es kann sein, dass er das tut, genauso wahrscheinlich ist, dass er bei seinem bisherigem Umgang mit dem Thema bleibt. Selina überlegt weiter: »Wenn ich in einem Brief nach außen treten würde, wie würde sich das auf die Gesamtsituation auswirken? Ich würde wahrscheinlich Respekt bekommen, aber vermutlich würden die anderen davon ausgehen, dass sie mich als Kollegin verlieren. Ein offener Brief würde im Team Angst auslösen.«

Und weiter: »Am besten rege ich eine gemeinsame Abwägung im Team an, was ich in Bezug auf eine konstruktive Kritik an Herrn Keller machen soll, was aus Sicht der Kolleg*innen für das Team sinnvoll ist, und gehe nicht einfach über ihre Überlegungen und Ängste hinweg. Ich habe die Wahl: Schreibe ich den Brief für mich selbst und nehme die Konsequenzen in Kauf, durch die die Kolleg*innen in ihrer Sorge einmal mehr bestätigt werden, oder ich akzeptiere das System und nehme hin, dass ich ein Mitläufer bin!«

Der Brief wurde schließlich nicht abgeschickt, weil die mehrheitliche Meinung im Team war, dass es nichts nütze. Selina konnte sich damit abfinden, dass ihr die Diskussion und Meinung im Team wichtiger waren: »Ich bin zwar mit mir authentisch, wenn ich aufbegehre, aber: Welche Erfahrungen ermögliche ich den anderen, und brauchen sie das? Eher nicht!« In der Teamsitzung wurde es positiv aufgenommen, gemeinsam über sinnvolle Schritte nachzudenken und dann entsprechend zu handeln.

Im weiteren Verlauf der Geschichte wechselte die Kollegin Marga zu einem anderen Träger, während ihre Stelle nicht neu besetzt wurde. Insoweit hat sich die ganze Situation anders weiterentwickelt. Es war aber letztlich nicht umsonst, weil es hier für Selina exemplarisch darum ging, aus einer Dilemmasituation herauszufinden, wenn sich Eigenaufträge fundamental widersprechen und in eine innere Not führen können.

Sie, liebe Leser*innen, hätten vielleicht eine andere Lösung gefunden, es wäre eventuell für Sie von vornherein klar gewesen, was zu tun ist. Maßgeblich ist jedoch die Frage, welchem Wertesystem die oder der Betroffene folgen möchte. Dahinter stehen die eigenen Sinngebungen und auch die Identität: »Wer will ich sein?« (vgl. auch S. 126 ff.).

Die Lösung des Dilemmas und welchem Eigenauftrag jemand schließlich folgt, hängt letztlich von den eigenen Konstrukten, also den persönlichen Werten und Glaubenssätzen ab. Es geht nicht um Wahrheiten, sondern darum, was jemand selbst für sich als wahr im Sinne von »richtig« betrachtet (siehe auch siebte Erkundungsreise). Das Ziel der Analyse ist, sich im eigenen Eigenauftragssystem zurechtzufinden und mit sich Frieden schließen zu können, auch wenn die äußeren Umstände schwierig sind.

4.4 Nicht Nein sagen können: Die Versuchung des Ja-Sagens

»Ich kann nicht Nein sagen!« ist ein häufig genanntes Problem. Meistens sind bisher alle eigenen Versuche missglückt, konsequenter Nein zu sagen und sich somit von einer Situation abzugrenzen. Mir selbst geht es häufig so. Zu einem Anliegen, Erwartungen und Aufträgen nicht Nein zu sagen, bedeutet praktisch Ja zu sagen. Man ist sozusagen übertrainiert im Ja-Sagen. Wie kommt es dazu und was kann helfen, sich dieser Zusammenhänge bewusst zu werden und dieses Muster zu verändern?

Mit dem Ja hat jemand gleichsam schon das Versprechen gegeben, das auch zu tun, worum gebeten wurde. Innere Einwände, die sich alsbald melden, dass ohnehin schon zu viele Aufträge zu erledigen sind, werden schnell abgetan. »Das geht schon noch!« ist der vorherrschende Gedanke, oft noch mit einer allzu optimistischen Annahme darüber verbunden, wie viel Zeit und Energie bei der Umsetzung des Auftrags benötigt werden wird. So kenne ich das jedenfalls von mir selbst und ich vermute, dass es anderen auch so geht.

Mit dem Ja und der Freude oder Zufriedenheit des Auftraggebers wird so schon zu einem Teil die erwünschte Anerkennung[15] gegeben,

---

15 Büntig (1995) beschreibt, wie es sich äußert, wenn ein Kind oft Anerkennung von den wichtigen Bezugspersonen für bestimmte Verhaltensweisen

es entsteht aber auch erst recht die Pflicht, den Auftrag zu erledigen. Das ist sozusagen der Haken, an dem man dann wie ein Fisch hängt: Nachträglich die Zusage zurückzunehmen, verstößt eventuell gegen das eigene Wertesystem und auch die gegen Erwartungen des Auftraggebers. Es entsteht mehr oder minder großer Stress: Ja-Sagen, Nein-Sagen – beides geht irgendwie nicht mehr.

Bisherige Vorsätze, in Zukunft keine (unüberlegten) Zusagen mehr zu machen, bleiben oft auf der Strecke. Das Bedürfnis nach Anerkennung und Selbstanerkennung für die eigene Hilfsbereitschaft ist meistens stärker als alle guten Vorsätze. Wenn es einem nicht gelingt, mit dem inneren Teil, dem Ja-Sager, friedlich umzugehen, scheitern meistens die Vorsätze, in Zukunft öfter Nein zu sagen. Das verstärkt den inneren Unfrieden. Der innere Ja-Sager sitzt aber quasi am längeren Hebel und setzt sich trotz aller Unzufriedenheit durch. Selbstbeschimpfung hilft allerdings auch nicht weiter. So dreht sich für viele das Ganze im Kreis. Der wohlgemeinte Rat von anderen: »Du musst halt auch mal Nein sagen!« verpufft und mündet eventuell in Selbstbeschimpfung. Dahinter steht oft …

4.5 Der »Mach's-allen-recht!«-Antreiber

Wer als Kind vor allem dafür beachtet wurde, es wichtigen Bezugspersonen recht zu machen, entwickelt später leicht den inneren »Mach's-allen-recht!«-Antreiber. Wenn es dann um Belange und Bedürfnisse anderer Menschen im System geht, kommt es zu einer Generalisierung, Verantwortung für alle anderen zu übernehmen. Vom Verstand her weiß man, dass das unmöglich und für die Dynamiken im System auch nicht hilfreich ist. Diese Einsicht setzt sich

---

erhalten hat und beachtet wurde, bzw. wenn dies nicht oder wenig der Fall war. Beachtung ist das eigentliche Grundbedürfnis. Anerkennung ist eine »konditionierte« positive Beachtung. Büntig zeigt, dass, abgesehen von den physischen Grundbedürfnissen, deren Befriedigung dem körperlichen Überleben dient, Beachtung für das seelische Überleben zentral ist. Erfährt das Kind Beachtung von den erwachsenen Bezugspersonen in Form von Anerkennung dafür, es ihnen recht zu machen, ihnen »gefällig« zu sein, entwickelt sich daraus das Bedürfnis nach Anerkennung als »verpackte« Beachtung und wird zum Antreiber.

jedoch nicht durch: In dem Maße, wie es einem nicht gelingt, allen gerecht zu werden, wächst eine oft innere Not, die schließlich in Überforderung oder Grübeleien münden kann.

Wie könnte ein erfolgversprechender Umgang mit dem inneren Ja-Sager und dem Mach's-allen-recht-Antreiber aussehen? Sie sind ja quasi Verwandte.

Der wichtigste, zugleich aber auch der schwierigste Schritt besteht darin, mit den beiden freundlich umzugehen und ihre gute Absichten zu würdigen, die dahinterstehen. Die Auswirkungen des unbedachten Ja-Sagens verstellen oft den Blick darauf. Wem es schwerfällt, mit diesen inneren Teilen Freundschaft zu schließen, dem hilft eventuell das Experiment weiter, ihnen Namen oder Bezeichnungen zu geben, die für einen selbst mit positiven Konnotationen verbunden sind.[16]

Eine andere Lösung könnte etwas sein, was ich als ehrlichen Rückzug bezeichne: Wer zu einem Auftrag spontan bzw. unbedacht Ja sagt, könnte das später zurücknehmen und die negativen Folgen für sich und vor allem aber auch für den Auftraggeber vermeiden. Das fällt nicht leicht: Die eigenen Fantasien über die Auswirkungen eines solchen Rückzugs sind oft wesentlich schlimmer als die tatsächlichen Reaktionen. Begeisterung kommt beim anderen natürlich meistens nicht auf. Aber die Ehrlichkeit und vernünftige Begründungen für den Rückzug werden von den Betroffenen oft positiver eingeschätzt als Hinhaltetaktiken.

Das Gespräch mit Kolleg*innen oder auch Freund*innen kommt natürlich auch in Betracht. Allerdings sollten sich diese nicht ihrerseits von einem Eigenauftrag leiten lassen, Ihnen (unbedingt) aus den Schwierigkeiten herauszuhelfen, in die Sie durch Ihre Eigenaufträge geraten sind.

Das mündet nämlich schnell in ein strapaziöses Tauziehen zwischen Ihren inneren Anteilen und den wohlgemeinten Helferimpulsen der anderen. Vorsorglich kann eine relativierende Aufforderung helfen: »Bitte versuche nicht, mich vor mir selbst zu schützen oder mich zu retten! Es genügt, wenn du mir sagst, was dir auffällt, ohne es zu bewerten!«

---

16 Diese Übung schlägt Gunther Schmidt (2015) vor; sie ist auch Bestandteil des 6-Step-Reframe im NLP (vgl. Bandler u. Grinder, 2011).

Die nächste Erkundungsreise widmet sich der Frage, was jemand selbst tun kann, um seine Eigenaufträge zu identifizieren und zu verändern. Doch zunächst kommt ...

4.6 Eine kleine Rast: Die Geschichte vom Bär, der es bleiben ließ[17]

Wenn Sie sich bis hierher durchgearbeitet haben, könnten Sie sich eine Rast gönnen. Zur Auflockerung hier eine kleine Geschichte, die sich um Eigenaufträge dreht. Nicht jede Veränderung des bisherigen Verhaltens, zu der jemand sich beauftragt, führt zu Verbesserungen, die bloße Veränderung eines Eigenauftrags kann dennoch zu ähnlich schädlichen Ergebnissen führen.

In den Wäldern des fernen Westens lebte einmal ein brauner Bär, der trank gern einen guten Tropfen, konnte es aber auch bleiben lassen. Er ging des Öfteren in die Waldbar »Zum Bienenschwarm«, in der sich auch seine Artgenossen trafen, weil da ein leckerer Met ausgeschenkt wurde. Von diesem gegorenen Honigsaft nahm er immer nur zwei Becher voll zu sich, niemals mehr.

Dann legte er einen Geldschein auf die Theke, sagte: »Fragen Sie mal meine Kollegen im Hinterzimmer, was sie haben wollen!«, und ging heim.

Mit der Zeit aber gewöhnte er sich an, von früh bis spät in der Bar zu sitzen und still vor sich hin zu trinken. Wenn er schließlich mitten in der Nacht nach Hause gewankt kam, stieß er den Schirmständer um, brachte die Stehlampe zu Fall und rammte die Ellbogen in die Fensterscheibe. Zuletzt plumpste er auf den Fußboden und schlief ein. Seine Frau war tief bekümmert und seine beiden Kinder ängstigen sich.

Eines Tages erkannte der Bär das Verwerfliche seines Tuns und gelobte Besserung. Er wurde sogar ein berühmter Abstinenzler unter den Bären und predigte unentwegt Mäßigkeit. Jedem, der ins Haus kam, schilderte er die verheerenden Folgen der Trunksucht, und er brüstete sich damit, wie stark und gesund er geworden war, seit er keinen Alkohol mehr anrührte.

---

17 Der Abdruck erfolgt mit freundlicher Genehmigung des Rowohlt Verlags.

Um das vor Augen zu führen, machte er Kopfstand, lief auf den Händen, schlug ein Rad in der Stube, stieß dabei den Schirmständer um, brachte die Stehlampe zu Fall und rammte die Ellbogen in die Fensterscheibe. Zuletzt streckte er sich, ermüdet von seinen gesunden Leibesübungen, auf dem Fußboden aus und schlief ein. Seine Frau war tief bekümmert und seine Kinder ängstigen sich. Und die Moral von der Geschicht: Man kann ebenso gut vornüberfallen wie hinten über« (nach einer Geschichte von James Thurber, 2006, S. 35 f.).

Abbildung 13: Wenn Aufträge zwei-be-deutig werden

5 Fünfte Erkundungsreise: Wie Eigenaufträge identifiziert und verändert werden können

In dieser Erkundungsreise werden nochmals die Überlegungen zur sprachlichen Form und ihrer Grammatik aus der zweiten Erkundungsreise aufgegriffen. Einige Überlegungen werden wiederholt, weil sie für die Analyse der Eigenaufträge wichtige Hinweise enthalten, die im Alltag weiterhelfen können.

5.1 Eigenaufträge durch gezielte Fragen bewusst machen

Wie schon beschrieben, wirken Eigenaufträg meistens im Verborgenen; es gibt aber Zugänge, zum Beispiel durch das Formulieren der Frage: »*Wozu* mache ich das eigentlich, was ich von mir verlange?« Die Antworten auf diese Frage nach den Zielen der Eigenaufträge führen mehr in die Tiefe. Da genauer hinzuschauen löst vielleicht ein Unbehagen aus: Es geht sozusagen schnell ans Eingemachte. Dennoch führt diese Frage zu Möglichkeiten, seine Eigenaufträge zu verändern. Das wird aber erst nötig, wenn – wie schon erwähnt – Schwierigkeiten bei der Umsetzung auftauchen und die Situation eventuell als ausweglos, aber unvermeidlich erlebt wird.

Auch wenn es manchmal verlockend erscheint, sollten Sie sich nicht vom Gedanken leiten lassen, die negativen Befindlichkeiten würden schlichtweg zu Ihrem Beruf oder Ihrer Arbeit gehören. Sie versäumen die Chance, Ihre Lage zu verändern, soweit es doch in Ihrer Macht liegt.

5.2 Eigenaufträge sprachlich transformieren

Die Eigenauftragsanalyse kann anhand von Fragen und der Untersuchung der Antworten durchgeführt werden, die einem dazu einfallen. Wie erwähnt, werden Eigenaufträge als Impulse erlebt. Dahinter stehen Vorstellungen oder Gedanken, die einem nur kurz und unbemerkt durch den Kopf schießen.

Mit Hilfe bestimmter Fragen können die Eigenaufträge bewusstgemacht werden. Hilfreich ist dabei, wenn sie in der Form von Imperativen ausdrückt werden. Mit der Anwendung des Metamodells der Sprache (vgl. Kapitel 3.2) können die Merkmale von Eigenaufträgen aufgezeigt werden, die erklären, wieso der Versuch, sie umzusetzen, in die Irre führen oder scheitern kann. Die Transformation von Eigenaufträgen in Sprache erfordert etwas Übung und Zeit (vgl. Kapitel 5.8). Eventuell findet sich jemand, um anhand der entsprechenden Version des Fragebogens ein Interview mit Ihnen zu führen (siehe Anhang, S. 145 ff.), das fällt etwas leichter.

5.3 Eigenaufträge als Teile der Person: Gute Absichten würdigen

Eigenaufträge lassen sich als »Teile« (bzw. Anteile) von sich selbst betrachten – diese Idee folgt der Konzeption von Gunter Schmidt und anderen (vgl. z. B. Schmidt, 2004, 2012). Wir gestalten unvermeidlich eine Beziehung zu unseren (An-)Teilen. Sie kann von Ablehnung oder sogar Feindseligkeit geprägt sein kann, je nachdem, wie die Auswirkungen der Aktivität dieser Teile erlebt werden. Die Frage nach den Gründen, warum der Anteil das macht, was er macht, führt aber nicht zu einer Klärung. »Wozu« der Anteil da ist, ob er anerkennenswerte Ziele hat, entspricht der weiterführenden Frage nach der »guten Absicht«.

Ein Eigenauftrag scheint einen zu zwingen, ihm zu folgen, was jedoch negative Folgen haben kann. Da ist die Idee einer guten Absicht befremdlich, schwer verdaulich und wird schnell abgelehnt. Es braucht Zeit, sich mit ihr anzufreunden. Hier kann der Konjunktiv Hilfe leisten: »Nur mal angenommen, hinter Ihrem Eigenauftrag stünde eine gute Absicht, würde das Ihre Einstellung zu ihm verändern? Was könnte eine gute Absicht sein?«

Ähnlich ist die Situation, wenn jemand an einem bestimmten Eigenauftrag eisern festhält und sich anderslautenden, gut gemeinten Vorschlägen widersetzt. Es sollte nicht aus dem Blick geraten, dass die Eigenaufträge ihre Verankerung in wirkmächtigen inneren Systemen haben. Dazu gehören, wie schon in Kapitel 2 erwähnt, Vorstellungen über die eigene Identität, das verinnerlichte Lebenskonzept und die eigenen Sinngebungen. Diese Zusammenhänge werden in der siebten Erkundungsreise vertieft und Möglichkeiten des Umgangs damit gezeigt.

5.4 Widersprüchliche Eigenaufträge: Wie inneres Konfliktmanagement gelingt

Eigenaufträge können im Widerspruch miteinander stehen, wie in den Beispielen gezeigt wurde. Gilt das für die jeweils dahinterstehenden guten Absichten auch? Sehr häufig stehen die Eigenaufträge, die sich aus den Empfindungen in der Situation spontan entwickeln, im Widerspruch zu denjenigen, die umzusetzen man sich verbietet, weil das gegen das eigene Wertesystem oder gegen gesellschaftliche Normen verstoßen würde. Hieraus entsteht ein Dilemma. Die »guten Absichten«, die hinter den sich widersprechenden Eigenaufträgen stehen können, kollidieren häufig mit dem Bedürfnis, im Einklang mit sich zu sein. Andernfalls entsteht eine eventuell schwer zu ertragende »kognitive Dissonanz« (vgl. Festinger, 2012).

Eine Lösung besteht darin, nicht wortwörtlich umzusetzen, wonach einem spontan zumute ist, sondern den Eigenauftrag als Metapher zu nehmen, das gedankliche Wachrütteln statt eines wirklichen ist uns schon begegnet. Das kann wertschätzend erfolgen, die eigene Haltung wird nicht aufgegeben. Oder: »Lade ihn ein, mal die Perspektive zu wechseln und das Ganze durch die Brille eines anderen zu sehen!« Geht es auf diesem Weg nicht weiter, empfiehlt es sich, die Thematik in einer Supervision zu bearbeiten. Vielleicht dominiert gerade eine Angst, wozu ein solcher Perspektivenwechsel führen könnte.

Wer als Interviewer*in mit einer Kolleg*in oder Freund*in an ihren oder seinen Eigenaufträgen arbeitet, sollte im Fall des inneren Konflikts nur dann einen Vermittlungsversuch zwischen den sich widerstreitenden Seiten unternehmen, wenn sie oder er sich das zutraut und vor allem auch den Auftrag bekommt.

5.5 Gleiche Kontexte, gleiche Eigenaufträge?

In der eigenen Beratungspraxis, in Supervisionen oder als Dozent habe ich immer wieder erfahren, dass die Wechselwirkung der Konstrukte der Klient*innen bzw. der Fachleute, um was es sich bei Betreuung, Beratung oder Therapie handelt, zu Komplikationen führen kann: Die Profis orientieren sich an ihrem Menschenbild, an Konzeptionen und Methoden. Die Vorstellungen der Klient*innen allerdings darüber, was zum Beispiel eine Beratung sei und welche Vorerfahrungen sie damit haben, ist Berater*innen oft unklar, es sei denn, sie fragen ausdrücklich danach. Auch dann können sie sich nicht sicher sein. Eventuell sagen die Klient*innen nur das, was ihr Gegenüber vermeintlich hören will; sie passen sich also an.

In Abbildung 14 wird die Wechselwirkung der Konstrukte am Beispiel der Sozialpädagogischen Familienhilfe (SpFH) verdeutlicht: Es handelt sich hier um ein vereinfachtes Zwei-Personen-Modell mit Klient*in und Fachkraft. Anhand dieser Darstellung kann gezeigt werden, wie komplex die Wechselwirkung der jeweiligen Wirklichkeitskonstrukte ist.

Die Gedankenblasen enthalten die Vorstellungen (Konstrukte) der Personen über das Hilfsangebot. Die treten hintergründig in eine (unbemerkte) Wechselwirkung, und diese wiederum beeinflusst den Umgang der Personen miteinander. Dass die Konstrukte nicht zusammenpassen, bleibt meist im Verborgenen. Die beiden sitzen gewissermaßen in einer Falle, denn: Zur gleichen Zeit beobachten beide das jeweils andere Konstrukt und sehen sich durch deren Verhalten im eigenen Konstrukt bestätigt, ohne es zu bemerken.

Passt das Verhalten der anderen Person nicht zur eigenen Vorstellung des Geschehens, wird das oft unwillkürlich mit Eigentümlichkeiten der anderen Person erklärt und umgekehrt: »Der Klient ist beratungsresistent!« – »Der Berater versteht mich nicht!« Das klingt so, als wäre von Tatsachen die Rede und es läge nicht an den eigenen Zuschreibungen. Das ist verhängnisvoll, weil diese Haltung auch in die Eigenaufträge von Berater*innen einfließt.

Wird mit diesem Modell beispielsweise ein Hilfeplangespräch im Rahmen der Jugendhilfe untersucht, werden die Wechselwirkungsprozesse noch komplexer, weil mindestens drei Personen beteiligt

Interaktion der Wirklichkeitskonstrukte (Zwei-Personen-Modell)
am Beispiel der Sozialpädagogischen Familienhilfe

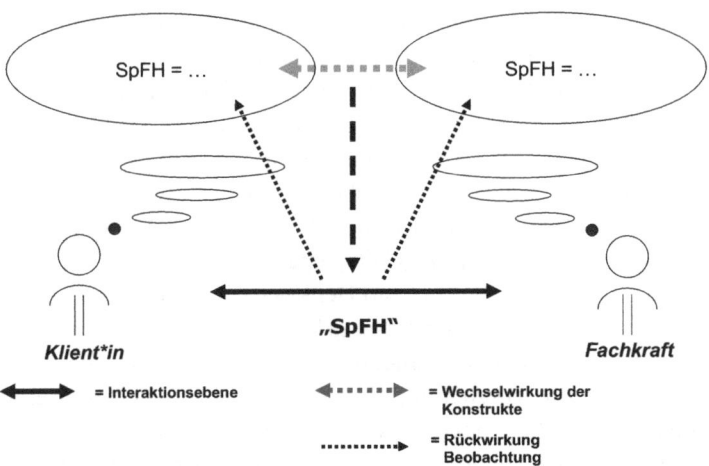

Abbildung 14: Vereinfachtes Zwei-Personen-Modell zur Wechselwirkung der Wirklichkeitskonstrukte

sind. Oft fehlt die Zeit, um die Auswirkungen zu besprechen. Außerdem ist es eine vor allem für die Klient*innen sehr ungewöhnliche Sichtweise, die Irritationen auslösen kann: Diese Art des Gesprächs entspricht nicht dem alltäglichen Umgang miteinander.

Die Analyse der Eigenaufträge sollte sich deshalb auch auf die Frage erstrecken, welche eigenen Vorstellungen wirksam sind und inwiefern genau dadurch die Probleme in der Beratung oder Betreuung entstehen, dass die Klient*innen sich möglicherweise etwas ganz anderes vorstellen. Sie äußern dies vielleicht aus Unsicherheit nicht und halten sich zurück. Es empfiehlt sich daher, danach zu fragen und die Situation zu klären, um zu verhindern, dass die Vorstellungen darüber, um was es sich zum Beispiel bei einem Hilfeplan handelt, zu weit auseinanderdriften.

5.6 Kausale Modelle von Veränderung und die Umsetzbarkeit von Eigenaufträgen

Manchmal fällt es einem schwer zu akzeptieren, dass bestimmte Eigenaufträge gar nicht bzw. mit den verfügbaren eigenen Ressourcen nicht umsetzbar sind. »Ich muss das doch können!« ist vielleicht der Gedanke, wodurch gleichzeitig die eigenen bisherigen Versuche, die Situation zu meistern, eventuell sogar abgewertet werden. Unbemerkt ist ein Glaubenssatz darüber wirksam geworden, der einem als Realität erscheint und nicht nur als ein Glaube: Die eigene *fachliche Kompetenz* wird am *Ergebnis* gemessen.

Das entspricht einer linearen Denkweise: Die Idee von der Veränderbarkeit anderer Menschen gehört zum Alltagsbewusstsein. Es gibt dafür offenbar Fachleute. Beispielsweise steckt im Wort Erzieher*in die Vorstellung, dass Erziehung möglich und eine Frage fachlicher Kompetenz ist. Eine Berufsbezeichnung wie »Erziehungsexperimentator*in« würde öffentlich nicht akzeptiert werden, obwohl es den (heutigen) Erkenntnissen über Menschen als lebende Systeme eher entsprechen würde. Wenn das eigene Kind in der Schule Schwierigkeiten hat, wird den Eltern vielleicht der Besuch einer schulpsychologischen Beratungsstelle empfohlen. Neben den Fragen, die oft bei Eltern im Hintergrund auch noch wirksam sind (beispielsweise wer »schuld« an der Misere sei), kommen manchmal Eltern mit der verständlichen (und zu würdigenden) Erwartung, dass die Fachleute das Kind »reparieren« können und werden.

Schulpsycholog*innen machen sich solche Erwartungen natürlich nicht zu eigen und versuchen stattdessen die Eltern für eine Mitarbeit zu gewinnen. Das kann unglücklicherweise dazu führen, dass die Eltern die entsprechenden Vorschläge sofort auf ihr Schuldkonto verbuchen, weil sie glauben, sie hätten etwas falsch gemacht, hätten die Erziehung ihres Kindes nicht hinbekommen etc. Wenn sich die Eltern dann auch noch gegenseitig falsche Erziehung vorwerfen, wird es kompliziert. Das Kind und seine Eltern sind dann in einer verschärften Notlage. Der Eigenauftrag der Fachkraft, dem Kind zu helfen, führt zur Suche nach einer geeigneten Intervention bzw. sinnvollen Empfehlungen an die Eltern. Diese sollten daraus möglichst *nicht* folgern, sie wären schuld daran, dass ihr Kind in Schwierigkeiten steckt. Verhindern lässt sich das manchmal nur schwer. Was einem als Berater*in vor allem »in die Quere« kommen kann, ist das eigene Bedürfnis nach Wirksamkeit und, vielleicht sogar darauf aufbauend, das Bedürfnis nach der Sinngebung für die Arbeit als Berufung. Generell zeigt sich: Wenn Menschen aus der Umgebung einer Person unter deren Verhaltensweisen leiden, glauben sie häufig, Fachleuten müsse es doch gelingen, die Person (den Partner, die Tochter, den Sohn) dazu zu bringen, sich angemessen (angepasst) zu verhalten oder sie (im psychiatrischen Kontext) »gesund« zu machen. Aus ihrer Not heraus hoffen sie auf die Kompetenz der Ärzt*innen, Therapeut*innen und Berater*innen. Meistens müssen diese die Hoffnungen enttäuschen. Der »Streng-dich-an!«-Antreiber und auch der »Mach's-allen-recht!«-Antreiber kann dennoch dazu führen zu glauben, es sei möglich, Änderungen im Verhalten der Klient*innen zu erreichen. Daraus resultieren entsprechende Eigenaufträge.

Um nicht missverstanden zu werden, ich spreche hier nur von einer Art Attraktivität, die kausale Modelle der Veränderung menschlichen Verhaltens haben. Sie ist verständlich, denn die Modelle bedienen das eigene Bedürfnis nach Wirksamkeit und vermitteln Menschen in Not außerdem die Hoffnung, dass ihnen geholfen werden kann.

Wenn neue Ideen, Theorien und Methoden auf den Markt kommen, geht es praktisch immer um eine verbesserte Wirksamkeit therapeutischen oder pädagogischen Handelns. Der Wunsch danach ist Motor für neue Entdeckungen und Erkenntnisse. Erfolgsberichte über neue Verfahren oder Methoden vermitteln Zuversicht. Dass sich dahinter eventuell ein linear-kausales Modell von Beratung oder Therapie verbirgt, gerät verständlicherweise aus dem Blick. »Wer heilt, hat recht!« ist ein oft zitierter und auch verführerischer Spruch. Die Hoffnung auf die Wirksamkeit der eigenen Arbeit scheint manchmal auch die Sinnfrage zu lösen.

5.7 Eigenaufträge und unser Umgang mit der Zeit

Der »Beeil-dich!«-Antreiber wirkt maßlos. Er bekommt in den heutigen gesellschaftlichen bzw. ökonomischen Verhältnissen ständig Zufuhr. Die in der Postmoderne propagierten Konstrukte und Versprechungen von Glück haben dazu auch beigetragen, sich Eigenaufträge zu geben, in denen problematische Glaubenssätze über die Zeit verpackt sind.

Im sportlichen Bereich können hundertstel Sekunden über Medaillen entscheiden. Zufälle spielen eine meistens ausgeblendete Rolle. Interessanterweise dauert die Entstehung eines Eigenauftrags auch nur hundertstel Sekunden!

Glaubenssätze über Zeit führen dazu, dass sich Menschen immer mehr und schnelleres Handeln abverlangen. Eine schlüssige und ausführliche Diskussion dieser Zusammenhänge findet sich bei Mary (2012) sowie Geißler und Geißler (2017).[18]

Ich möchte hier einige Glaubenssätze näher betrachten und Anregungen geben, wie sie korrigiert werden können, weil sie sich in unserer Alltagssprache und damit auch in unserem Bewusstsein »einnisten« und den »Beeil-dich!«-Antreiber bedienen.

- Zeit »hat« man nicht, sondern man schenkt sie sich oder anderen, nimmt sich Zeit für etwas und entscheidet das meist selbst!
- Statt zu sagen: »Ich habe keine Zeit!« ist es ehrlicher zu sagen bzw. zu fragen: »Ich möchte jetzt (gern) etwas anderes machen, wäre das okay?« (wenn nicht, gilt es zu verhandeln)
- Wir haben auch nicht zu wenig Zeit; es ist immer die gleiche Zeit, die wir zur Verfügung haben, nämlich (in unserer Zeitrechnung) 24 Stunden; wir entscheiden selbst, was wir in der verfügbaren Zeit tun oder lassen, es sei denn, wir bekommen Zeitpläne vorgeschrieben.
- Witzig ist auch der Spruch, die Zeit laufe einem davon. Das würde ja bedeuten, dass die Zeit schneller rennt als wir selbst. Kann das sein? Und wie viel Vorsprung bekommt sie dann im »Lauf der Zeit«?

---

18 Ich empfehle außerdem gern das Buch: »Ist Pünktlichkeit heilbar?« (Weigel, 1988), weil es mit Humor an das leidige Thema herangeht. Und ich lege ans Herz: »Der Papalagi: Die Reden des Südseehäuptlings Tuiavii aus Tiavea« (Scheurmann, 2002), darin finden sich sehr nachdenklich stimmende Gedanken zu unserem Umgang mit Zeit.

Zeit kann einem niemand rauben oder stehlen, sondern wir selbst entscheiden, wem wir sie widmen, eventuell auch uns selbst. Der Begriff »Zeitverdichtung« ist ein irreführender und verschleiernder Begriff: Zeit kann nicht verdichtet werden, wohl aber kann die Menge an Aufträgen, die jemand pro Stunde oder Tag erledigen soll, erhöht werden. Kann oder will man sich die Konsequenzen nicht aufbürden, die es hat, sich dagegen zu wehren? Wenn wir im psychosozialen Bereich vom »Termindruck« befreien will, müssten wir im Prinzip über die »Dienstzeit« hinaus, also ehrenamtlich arbeiten. Die Entscheidung, welche ehrenamtlichen Arbeit wir machen, möchten wir aber selbst treffen.

Abbildung 15: Wenn alle dem »Beeil-dich!«-Antreiber folgen

Wenn in einem Eigenauftrag auch der »Beeil-dich!«-Antreiber steckt, sollte man sich, so gut es angesichts der Rahmenbedingungen in der Arbeit geht, davon lösen. Aus einem Eigenauftrag: »Handle (in der Situation) möglichst schnell!« würde dann zum Beispiel die Einladung werden: »Lass dir Zeit zum Nachdenken! Wer verlangt Schnelligkeit von dir? Was würde dadurch besser?«

Wer in Betreuungen oder Beratungen tätig ist, kennt den häufig auftretenden »Termindruck«. Auch das ist ein in die Irre führendes Wort. Wer an sich den Anspruch hat, zum nächsten Termin pünktlich zu kommen, zugleich aber dem Eigenauftrag folgen will, Klient*innen das zu geben, was sie (noch) brauchen, setzt sich damit unter Druck und empfindet das entsprechend.

Wenn Klient*innen merken, dass man schon auf dem Sprung ist, hat das manchmal zur Folge, dass sie verständlicherweise das nächste, eventuell noch dringendere Problem (schnell noch) ansprechen. Das könnte auch als Eintrittskarte für Zuwendung wahrgenommen werden, die ja jeder Mensch braucht. Es entsteht ein Zielkonflikt, vor allem, wenn der Antreiber »Mach's allen recht!« wirksam ist. Die eigene Familie, die Lebenspartner*innen mit ihren berechtigten Bedürfnissen kommen auch noch ins Spiel. Das hat problematische Folgen und kann zu einem »Raubbau« an sich selbst führen.

5.8 Was die sprachliche Veränderung von Eigenaufträgen bewirkt

Wenn die innere Verwandlung von Impulsen in die Sprachform einen erheblichen Einfluss auf das Handeln hat und zu problematischen Befindlichkeiten führt, ist zu erwarten, dass umgekehrt die sprachliche Veränderung eines Eigenauftrags eine Umorientierung und dadurch eine entlastende Wirkung haben kann. Es sind kleine, aber überraschend wirksame sprachliche Interventionen, die diesen Effekt haben können, zum Beispiel in Form der »Minimax-Interventionen« von Manfred Prior (2020).

Weitere Möglichkeiten bieten die Fragen entsprechend dem schon zitierten Metamodell. Das Gute daran ist, dass damit auch ohne Unterstützung von außen gearbeitet werden kann. Wenn bei einer belastenden Situation die Eigenaufträge in Imperativform formuliert werden, können diese Sätze durch Ein- oder Hinzufügen von Worten verändert werden, ohne dass sie dadurch inhaltlich verfälscht werden. Auf diese Weise können Sie selbst die Wirkung beobachten, die bei Ihnen eintritt, wenn Sie davon Gebrauch machen. Im Prinzip wirkt dieses Reframing nicht nur mental, sondern auch emotional, oft unmittelbar.

Ich lade Sie ein, gleich jetzt damit zu experimentieren. Nehmen Sie irgendeinen Eigenauftrag, also eine Erwartung, die Sie an sich richten und die Ihnen zusetzt oder Sie irgendwie belastest. Das kann auch etwas aus Ihrem privaten Leben sein, worüber Sie sich immer wieder aufregen. Fragen Sie sich nun, was Sie in dieser Situation von sich erwarten, und wandeln Sie Ihre Antwort in einen Eigenauftrag um.

Setzen Sie nun an der passenden Stelle Ihres Eigenauftrags einen der folgenden Begriffe ein und prüfen, ab der Satz dann auch noch stimmig oder plausibel klingt: »trotzdem«, »bevor«, »noch«, »noch nicht«, »bisher«, »eventuell«, »sogar«, »auch wenn« ... Beobachten Sie vor allem, was das bei Ihnen emotional auslöst.

Ergänzen Sie Ihren Eigenauftrag durch Worte oder Satzteile, beispielsweise: »Vermeide es, den Klienten zu konfrontieren!« wird zu: »Vermeide es, den Klienten zu konfrontieren, *bevor* du dafür von ihm das Einverständnis bekommen hast!« »Betreue die Klientin weiter!« wird zu: »Betreue die Klientin weiter, *auch wenn* du dich ärgerst!« Auch folgende Beispiele sind wirksame Möglichkeiten der sprachlichen Veränderung von Eigenaufträgen mit positiven Rückwirkungen in einem selbst: »*Wenn* du dir einigermaßen sicher bist, dass andere Leute im System deinen Eigenauftrag bzw. das Ergebnis auch begrüßen würden, *dann* setze ihn um!«; oder: »Kümmere dich um die Klientin, *aber nicht* um jeden Preis! Was wäre ein zu hoher Preis für dich oder andere?«, »Sorge dafür, dass es weitergeht, *und* gestehe dir auch zu, zu scheitern!« Hier ist noch die Anschlussfrage möglich: »Was würde durch dein Scheitern wirklich schlimmer und wer wäre dafür verantwortlich?«

Hilfreich ist auch eine Voranstellung konditionaler Zusätze: »Wenn du magst, dann ...!«, »Wenn deine bisherigen Erfahrungen dafür sprechen, dann ...!« oder: »Wenn du die berühmte Nacht darüber geschlafen hast, dann ...!«.

Auch diese kleinen, aber wirksamen sprachlichen Veränderungen von Eigenaufträgen nehmen den Druck oft heraus.

5.9 Exkurs: Hinter einem Eigenauftrag stehende Glaubenssätze verändern

Ich greife nochmals Überlegungen aus dem Kapitel 5.6 auf. Es liegt nahe, dass sich ein Eigenauftrag in seiner Formulierung und seinem Inhalt verändert, wenn die bisher in den Eigenauftrag einfließenden

Glaubenssätze verändert werden. Man muss sich gegen das dadurch angeregte Reframing nicht wehren, auch wenn es scheinbar das eigene innere System gefährdet. Es gleicht einem Wachrütteln oder der Veränderung der Blickrichtung. Ein Beispiel: Wenn ein Eigenauftrag lautet: »Beweise deine Fachlichkeit!«, kann das Stress bewirken, denn der Eigenauftrag lässt offen, »für wen« das eigene Handeln ein Beleg für Fachlichkeit sein soll. Die Abwandlung des Eigenauftrags könnte lauten: »Lasse zumindest dieses Mal offen, ob jemand deine Arbeit fachlich anerkennt! Wäre es denn für dich ein Ausdruck der Fachlichkeit des Anderen, deine Arbeit negativ zu bewerten?«

Man kann solche Interventionen auch »sanfte Labilisierungen« nennen, durch die so im System Veränderungen, in unserem Fall Veränderungen der Eigenaufträge, angeregt werden können (vgl. von Bebenburg, 2008, S. 259 ff.).

Im Neurolinguistischem Programmieren (NLP) werden unter dem Begriff »sleight of mouth«[19] eine Fülle von sprachlichen Möglichkeiten bzw. Fragen zur Veränderung von Glaubenssätzen vorgeschlagen. Sie wirken ähnlich wie ein Reframing und können ebenfalls zu einer überraschenden Veränderung eines Eigenauftrags führen (vgl. Dilts, 2006).

Vor allem die Geschicklichkeit, bestimmte Fragen zu stellen, fördert Bewusstseinsveränderungen. Wenn jemand beispielsweise in einem Team sagt: »Das wird sowieso nichts!« lenkt die Frage: »*Wie hast du das herausgefunden?*« die Aufmerksamkeit auf den inneren Prozess des Sprechers: Wie kommt sie oder er dazu, diese negative Vorhersage zu machen und sich sicher zu sein, dass sie stimmt? Denn solche Prognosen sind prinzipiell unsicher.

Die Annahme, es sei möglich, einen Eigenauftrag auch umzusetzen, kann auf ähnliche Weise hinterfragt werden. Sie löst eine Nachdenklichkeit aus. Mit der Frage »*Was lässt dich sicher sein, dass das klappt?*« werden die Impulse, die zu einem Eigenauftrag führen abgebremst, um noch einmal nachzudenken.

---

19 »Sleight of mouth« bedeutet so viel wie »geschickt mit der Sprache umgehen«. Gemeint ist die Verwendung von Sprachmustern, mit denen insbesondere Glaubenssätze verändert werden können, die in der Praxis Handlungsmöglichkeiten einschränken und uns in die Irre führen können.

Für eine Eigenauftragsanalyse offen zu sein, setzt allerdings auch voraus, seine bisherigen Eigenaufträge als wertvolle Beiträge zur eigenen Lebensführung und als sinnvolle Lösungsversuche für frühere belastende Situationen zu würdigen, statt sie als »dumm« oder »als Beleg für mangelnde Professionalität« abzuwerten.

Glaubenssätze sind oft konditional aufgebaut, zum Beispiel »Wenn ich Klienten ehrlich meine Meinung sage, dann sind sie beleidigt und brechen die Beziehung ab!« Das ist ein typischer, linear-kausal formulierter Glaubenssatz. Jede*r von uns hat sich sicher schon einmal so geäußert oder gedacht. Nur: Bei Menschen gilt, dass »über die Bedeutung einer Botschaft der Empfänger entscheidet und nicht der Sender« (Schmidt, 2015). Insofern liegt auch eine Verantwortung beim Empfänger. Der Sender trägt allerdings auch eine gewisse Verantwortung für die »Performance«, also wie er etwas sagt, die Geschicklichkeit in der Ausdrucksweise (vgl. von Bebenburg, 2008, S. 408 ff.).

Im Buch von Meyer-Erben und Zander-Schreindorfer (2021) finden sich viele weitere hilfreiche Beispiele, wie Glaubenssätze mit sprachlichen Mitteln und geleiteten Fantasien verändert werden können.

Da Glaubenssätze auch im Dienste eigener Bedürfnisse stehen, kann eine Veränderung Abwehrhaltung provozieren. Die Frage »*Wie könnten Sie die Wertschätzung auch auf anderem Wege von Ihrem Partner bekommen?*« hilft weiter, auch wenn Sie sagen müssen: »Ich kann Ihren Partner nicht verändern!« und dafür vielleicht große Enttäuschung und Ärger ernten. Die Anschlussfrage »*Könnte Ihr Bedürfnis, um das es hier geht, auch anders befriedigt werden?*« erleichtert dann den weiteren Prozess. Diese Art zu fragen wird im Anhang (S. 159 ff.) anhand der Methode der Chunking-down-Fragen näher erklärt.

Wenn Sorgen und Ängste vor den Folgen, die es haben könnte, einen Glaubenssatz oder eine Überzeugung aufzugeben, eine Rolle spielen, muss das ernst genommen werden. Eine hilfreiche Frage für eine solche Situation wäre: »*Angenommen, die befürchtete Folge würde tatsächlich eintreten, auf welche eigenen Fähigkeiten (Ressourcen) könntest du zurückgreifen, um das zu meistern?*« (vgl. von Bebenburg, 2008, S. 287 ff.).

Abbildung 16: Bei der Umsetzung eines Eigenauftrags sollte stets der Kontext betrachtet werden

6 Sechste Erkundungsreise: Interviews und Selbstbefragung – Eigenaufträgen auf der Spur

Die folgenden Fragen bestimmen die weitere Reiseroute: Wann sollen wir überhaupt auf die Reise gehen? Wie lange dauert sie? Durch welches Dickicht müssen wir uns schlagen? Warum lohnt sich das, obwohl es beschwerlich ist? Worin mündet diese Reise? Sich mit Interviews oder einer Selbstbefragung durch den Dschungel von Eigenaufträgen durchzuarbeiten, erfordert vor allem auch die Untersuchung des Kontextes, in dem wir uns bewegen. Wer hat überhaupt ein Interesse an unseren Eigenaufträgen? Könnte es sein, dass andere im System gar nichts davon wissen und sich vielleicht nur über uns wundern, wenn sie beobachten, wie hartnäckig wir bestimmte Ziele verfolgen?

6.1 Wann ist eine Eigenauftragsanalyse hilfreich?

Wie bei der ersten Erkundungsreise bereits erwähnt, ist eine Eigenauftragsanalyse in erster Linie ratsam, wenn man sich als Fachfrau oder -mann in einer Beratung, Betreuung oder Therapie unzufrieden, gestresst, genervt fühlt. Das muss nicht sein und es ist vor allem für Klient*innen auch nicht hilfreich. Eine wesentliche Ursache dafür liegt in unbemerkten Eigenaufträgen. Um sie zu entdecken und ihre Bedeutung zu entschlüsseln, sind eine Reihe spezifischer Fragen geeignet, die sich auf die in der Situation aktivierten inneren Bereiche beziehen. Die Antworten, die einem selbst bei diesen Fragen meist sehr schnell und unwillkürlich einfallen, haben oft gar nicht den Charakter eines Auftrags oder einer Aufforderung. Sie können, wie schon gezeigt, leicht und ohne Verfälschung in die Form eines Imperativs gebracht werden. Das Problematische mancher Eigenaufträge tritt dadurch deutlicher in Erscheinung.

Die Fragen, die im Folgenden vorgeschlagen werden, haben sich aus meiner Sicht in der Praxis bewährt. Für Eigenauftragsanalysen sind die Arbeitsblätter geeignet, die Sie im Anhang finden.

6.2 Sie haben die Wahl: Die einfache und die ausführliche Variante der Eigenauftragsanalyse

Welche Variante für die Eigenauftragsanalyse gewählt wird, ist vor allem eine Frage der Zeit, die gerade zur Verfügung steht. Die Fragen können in der Ich-Form oder der Du-Form gestellt werden. Die Du-Form ist sowohl bei der Selbstbefragung als auch dann anwendbar, wenn sich eine Kollegin als Interviewerin zur Verfügung stellt. Worauf bei dieser Variante zu achten ist, wird noch beschrieben.

Die einfache Variante der Eigenauftragsanalyse

Die einfachere Variante hat den Vorteil, dass sie schneller durchzuführen ist. Das dazugehörige Arbeitsblatt befindet sich im Anhang (S. 145). Am Beginn der Eigenauftragsanalyse steht immer die Frage nach der Situation, die einem zusetzt und die mit negativen Empfindungen verbunden ist. Die Frage lautet: »*Um welche Situation (mit wem) geht es, die dir Unbehagen bereitet, dich stresst oder andere unangenehme Empfindungen auslöst?*«

Hier geht es um eine kurze Beschreibung der sich wiederholenden Situation. Sie wird mit dem Kürzel XY versehen, um die Beschreibung nicht immer wiederholen zu müssen.

Die sich anschließende Frage lautet: »*Was alles erwartest du von dir in dieser Situation?*«

Hier geht es um die Sammlung aller Einfälle, die man zu dieser Frage hat. Kein Einfall sollte verworfen werden, weil die »innere Zensurbehörde« die Antworten oder Impulse als unvernünftig, unrealistisch oder unangemessen bewertet und sozusagen löscht. Denn diese Gedanken wirken trotz Zensur bei der Entstehung der Eigenaufträge mit und fließen in den Umgang mit der Situation ein. Sie sollten bei der Analyse nicht unter den Tisch fallen. Das gilt auch für die Antworten auf alle folgenden Fragen. Im nächsten Schritt werden alle Antworten, die einem zu dieser Frage einfallen, auf einem Blatt aufgeschrieben.

Die folgende Frage sollte man eventuell auch mehrmals wiederholen und sich dafür auch etwas Zeit lassen:

»*Was erwartest du in der Situation XY noch von dir? Was noch?*«

Nun folgen weitere Fragen. Die Antworten werden gleich in einen Imperativ umgewandelt, mit eine Rufzeichen versehen und auf einem

Blatt zusammengetragen. Es entstehen Sätze wie zum Beispiel »Sorge dafür, dass …!«, »Kümmere dich um …!« Es können ohne Weiteres zehn oder mehr Eigenaufträge zusammenkommen.

Im nächsten Schritt wird die Liste durchgegangen und daraufhin untersucht,
- ob die Eigenaufträge bei kritischer Betrachtung überhaupt umsetzbar sind,
- ob einzelne Eigenaufträge mit anderen im Widerspruch stehen,
- ob einzelne Eigenaufträge zwar nicht direkt im Widerspruch zueinander stehen, aber ihre gleichzeitige Erfüllung zu einem schwierigen Balanceakt wird.

Sich mit diesen Fragen zu befassen, fällt nicht leicht. Die in Abbildung 6 (S. 32 u. S. 167) genannten inneren Systeme werden in der Situation XY blitzschnell, gleichzeitig und unbemerkt aktiviert.

Die Eigenaufträge, für die die obigen Merkmale zutreffen, werden nun markiert und genauer untersucht. Dazu können weitere Fragen gestellt werden:
- Wenn es sich um Eigenaufträge handelt, die nicht umsetzbar sind, passen folgende Fragen: »*Wozu hältst du bisher an diesen Eigenauftrag fest, um was geht es dir? Kannst du ihn fallen lassen? Welche Auswirkungen hätte das? Sind andere im System davon betroffen, die du informieren und eventuell mit ihnen verhandeln solltest?*«
- Wenn es sich um einzelne Eigenaufträge handelt, die im Widerspruch zueinander stehen, kann das bedeuten, einen Eigenauftrag für die Situation XY fallen zu lassen oder zu relativieren: »Dieses Mal setze ich den Eigenauftrag nicht um, weil es keinen Sinn macht!« – und er wird von der Liste gestrichen.
- Genauso kann man bei Eigenaufträgen verfahren, deren Erfüllung zu einem stresserzeugenden Balanceakt wird oder die in eine Paradoxie mündet. Ein paradoxer Eigenauftrag liegt vor, wenn der Versuch, ihn zu erfüllen, darin mündet, dass er nicht erfüllt wird. Ein Beispiel: Beim »Sei-perfekt!«-Antreiber (siehe S. 54) ist das Ergebnis meistens, dass man entweder gar nicht fertig oder durch die äußeren Umstände gezwungen wird, irgendwann (und insoweit willkürlich) abzubrechen. Das Ergebnis ist dann eben nicht perfekt. Beim Folgen des Antreibers »Streng dich

an!«, der keine Grenze kennt, tritt irgendwann Erschöpfung ein und zugleich entsteht der Vorwurf, sich eben »nicht genug« angestrengt zu haben.

Beim Kinderschutz können entsprechende Maßnahmen (z. B. die Herausnahme eines Kindes) darin münden, dass in anderer Hinsicht die Entwicklung des Kindes nicht ausreichend geschützt wird. Es bleibt einem nichts anderes übrig, als das in Kauf zu nehmen, gerade weil die Auswirkungen der Maßnahme nicht vorhergesehen werden können. Das Gleiche gilt aber auch für die Folgen, die es hat, nichts zu tun – es entsteht ein Dilemma.

Ferner soll zum Beispiel mit der Umsetzung eines Eigenauftrags eine Situation oder das Verhalten in einer Familie unter Kontrolle gebracht werden. Diese entziehen sich »erfolgreich« der Kontrolle, woraufhin die Kontrolle eventuell verstärkt wird. Die Paradoxie erzeugt dann in der Regel Hilflosigkeit.

Wenn man nun die neue Liste der Eigenaufträge liest, passt die Frage: *»Wie fühlt sich das an? Will ich es so lassen oder braucht es nochmals eine Korrektur? Was ergibt sich, wenn ich einzelne Eigenaufträge sprachlich verändere?«*

Meine Beobachtung war bisher, dass auch diese einfache Variante der Eigenauftragsanalyse zu Erleichterung oder mehr Klarheit beim Gedanken an die problematische Situation XY führt.

Es ist allerdings möglich, dass es einem schwerfällt, einzelne Eigenaufträge zu verändern oder sie sogar fallen zu lassen. Es sind eben wichtige innere Systeme im Spiel, die nicht einfach übergangen werden können, zum Beispiel die eigenen Wertvorstellungen. Es kann nötig werden, gründlicher über die bisherigen Eigenaufträge nachzudenken.

Bei der umfassenderen Variante der Eigenauftragsanalyse ist es hilfreich, eine Kollegin oder einen Kollegen zu finden, der oder dem das Thema der Eigenaufträge nicht völlig fremd ist. Die Beantwortung der Fragen fällt im Interview oft leichter.

Die ausführlichere Variante der Eigenauftragsanalyse

Das Arbeitsblatt zu dieser Variante der Eigenauftragsanalyse findet sich ebenfalls im Anhang (S. 146). Von der einfachen Form der Eigenauftragsanalyse unterscheidet sich die gründliche Variante dadurch, dass sich die Fragen *ausdrücklich* auf die inneren Systeme beziehen, die in der untersuchten Situation aktiviert werden.

Dadurch werden in der Regel noch mehr und auch andere Eigenaufträge ins Bewusstsein gerückt als bei der einfachen Variante. Es wird dafür deutlich mehr Zeit benötigt, diese Analyse führt mehr in die Tiefe.

Bei der Bearbeitung des Fragebogens findet innerlich folgender Prozess statt: Die einleitende Beschreibung lässt einen sozusagen in die fragliche Situation eintauchen. Die anschließenden Fragen lösen Resonanzen aus, die einem als Gedanken in den Sinn kommen. Deshalb wird auch empfohlen, spontan zu antworten und nicht lange zu überlegen. Mit diesen Antworten wird dann weitergearbeitet.

Die folgenden Fragen sind wieder in der Du-Form formuliert. Man kann wieder das Kürzel XY verwenden, um die Situation in Stichworten oder kurzen Sätzen zu beschreiben.

Erster Schritt: Am Beginn steht erneut die Frage: *»Um was geht es? Mit welchen Empfindungen oder Gefühlen hast du in dieser Situation zu tun?«*

Stress, Ratlosigkeit, Überforderung, Ärger, Grübeleien, Erschöpfung, Lustlosigkeit oder Zweifel an der eigenen Kompetenz sind typische Empfindungen, die am häufigsten genannt werden. Nun folgt wieder eine Reihe von Fragestellungen, die breiter angelegt sind als bei der einfachen Variante.

Die Antworten auf die Fragen werden auch wieder auf ein Blatt geschrieben, wie sie spontan kommen. Woran sich die Interviewer*in halten sollte, wurde schon beschrieben. Der Zeitbedarf für die weitere Arbeit ist ungefähr eine Stunde je nach Umfang des Themas. Es werden oft mehrere Blätter für die Antworten benötigt. Die folgenden Fragen führen den Prozess weiter:

1. *Wonach ist dir in der Situation XY gefühlsmäßig zumute, was würdest du am liebsten tun?*
2. *Was davon erlaubst du dir dann doch nicht und weshalb?*

3. *Welche eigene persönliche Haltung vertrittst du in der Situation XY? Wie solltest du aus deiner Sicht handeln, um deiner Haltung und deinen Werten treu zu sein?*
4. *Wovon bist du überzeugt, wie du die Arbeit in der Situation zu erledigen hast, wofür du verantwortlich bist? (deine professionelle Sicht)*
5. *Welche inneren Aufforderungen (Antreiber) spürst du? (z. B. Mach's den anderen recht! Streng dich an! Kümmere dich um …! Mach schnell! Mach's hundertprozentig gut! Sei stark, steh die Sache durch!)* [20]
6. *Welches Bedürfnis regt sich in dir? (z. B. nach Sicherheit, nach Anerkennung, nach Zufriedenheit, nach Ruhe, nach Wirksamkeit, …)*
7. *Welche Befürchtungen oder Sorgen regen sich in dir, was solltest du tun oder aber unterlassen? Welche Sorgen beziehen sich auf dich, welche auf andere?*
8. *Soweit es eine Rolle für dich spielt: Wie könntest oder müsstest du dich in der Situation verhalten, damit für dich der Sinn deiner Arbeit erfüllt ist?*
9. *Welches Verhalten wäre für dich persönlich authentisch und angemessen?*
10. *Was fällt dir sonst noch ein, was du in der Situation von dir erwartest, was für dich wichtig wäre?*

Diese letzte Frage zu stellen ist ratsam, weil zum Schluss eventuell doch noch etwas Wesentliches auftaucht, was nicht bedacht wurde.

Nachdem die Antworten zu den obigen Fragen auf ein Blatt notiert wurden, geht es jetzt an die Auswertung.[21]

---

20 Es empfiehlt sich, alle Antreiber zu nennen, denn sie sind meistens der oder dem Befragten nicht geläufig.
21 Man könnte einwenden, dass es sich bei allen Eigenauftragsanalysen in diesem Buch um Artefakte handelt: Durch die Art zu fragen wird ein Ergebnis erzeugt, das im Sinne des diskutierten Modells ist. Folgende Überlegungen sprechen aus meiner Sicht dagegen: Zumindest beim ersten Mal sind die Fragen unbekannt, die interviewte Person konnte sich die Antworten nicht vorher zurechtlegen, sie erfolgten spontan oder nach kurzem Überlegen und haben anscheinend Resonanz erzeugt. Ein Placeboeffekt aufgrund der positiven Erwartungshaltung – es gab ja die Bereitschaft, sich überhaupt auf die Fragen einzulassen – kann nicht ausgeschlossen werden. Wollte man das Instrument wissenschaftlich bzw. empirisch überprüfen, müsste man ganz anders vorgehen. Ausgehend von meinen Beobachtungen kann ich somit nur

Erster Schritt: Zuerst werden die Antworten wieder in Imperativsätze umformuliert. Auf der Liste stehen dann Sätze wie: »Sorge dafür, dass …!«, »Mach … (irgendwas Bestimmtes)!« »Verhalte dich … (in bestimmter Weise)!« Bei den Fragen nach den Ängsten oder Sorgen passen Sätze wie: »Vermeide, dass …!«, »Verhindere, dass …!«

Zweiter Schritt: Als Nächstes wird Folgendes untersucht:
- »*Sind es vielleicht zu viele Eigenaufträge, ist das Ganze überhaupt leistbar? Welche Eigenaufträge zu erfüllen ist dir wichtig, bei welchen erscheint es dir nicht so wichtig?*«

Eine Skalierung zum Beispiel von 1 bis 5 ist ein gutes Hilfsmittel, um die Eigenaufträge zu gewichten: 1 steht für »eher unwichtig«, 5 steht für »sehr wichtig«.

Wenn viele Eigenaufträge im Spiel sind, lohnt es sich, diejenigen mit den Werten 1 bis 3 auf der Skala erst einmal bei der weiteren Untersuchung wegfallen zu lassen. Das erleichtert die folgende Arbeit.

Dritter Schritt: Jetzt geht es mit den folgenden Fragen weiter:
- »*Wenn du jetzt die ausgewählten Eigenaufträge anschaust und darüber nachdenkst: Was fällt dir auf?*«
- »*Welche Anforderungen, die du da an dich richtest, sind gar nicht oder nur sehr schwer umsetzbar?*«
- »*Welche Eigenaufträge widersprechen sich, so dass du sie nicht gleichzeitig erfüllen kannst?*«
- »*Und bei welchem Eigenauftrag ergibt sich ein schwieriger Balanceakt für dich?*«

Alle Eigenaufträge, die bei diesem kritischen Nachdenken fragwürdig erscheinen, werden in einer geeigneten Form markiert und mit Anschlussfragen untersucht.

---

sagen, dass Eigenauftragsanalysen in der Praxis als nützlich erlebt wurden. So bleibt eben nur, dass Sie, liebe Leser*innen, diese Methode ausprobieren, und mir bleibt nur, auf hilfreiche Ergebnisse zu hoffen.

Vierter Schritt: Anschlussfragen
- Zuerst geht es um die »objektiv« nicht umsetzbaren Eigenaufträge, die aus rationalen Gründen von der Liste gestrichen werden sollten. Es kann passieren, dass sich innerlich Widerstand dagegen regt, weil dadurch irgendetwas Wichtiges, ein Wert oder die eigene Professionalität auf dem Spiel zu stehen scheint. Hier passt die Nachfrage: »*Was ändert sich für dich, wenn du diese Eigenaufträge erst einmal ausklammerst oder ihnen weniger Gewicht gibst als bisher?*« »*Was wehrt sich eventuell in dir?*« Die entsprechenden Eigenaufträge sind zu markieren. Die Frage, was auf dem Spiel stünde, wenn ein solcher Eigenauftrag ausgeklammert oder gestrichen würde, ist eine wirkungsvolle »Chunking up«-Frage (vgl. sechste Erkundungsreise und Anhang, S. 159 ff.).
- Nun werden die Eigenaufträge, die im Widerspruch miteinander stehen, daraufhin untersucht, ob es Kompromissmöglichkeiten gibt. Das Gleiche passiert auch bei den Eigenaufträgen, deren gleichzeitige Erfüllung einen Balanceakt bedeutet und die dementsprechend Stress erzeugt.
Es gilt, diese Eigenaufträge umzuformulieren, sie abzumildern oder zum Beispiel aus Forderungen Versuche werden zu lassen (vgl. Kapitel 5.8). Werden keine Kompromisslösungen gefunden, so werden diese Eigenaufträge gekennzeichnet und zusammen mit denen, die eine niedrigere Bewertung bekommen haben, (zunächst) ausgeklammert und entsprechend markiert.
- Dann geht es darum, die zunächst ausgeklammerten und die als wenig bedeutsam bewerteten Eigenaufträge nochmals daraufhin zu überprüfen, ob man sie fallen lassen kann bzw. *will* oder nicht. So entsteht eine Liste neuer bzw. neu formulierter Eigenaufträge, zu der die Eigenaufträge, die nicht infrage gestellt waren, hinzugefügt werden.
- Schließlich folgt die Frage: »*Wie fühlt sich das Ganze jetzt an, wenn du an die Situation XY denkst, welche Empfindungen regen sich jetzt?*« Dazu sollte die neue Liste selbst gelesen werden oder, besser noch, laut vorgelesen werden (das kann man selbst oder der Interviewpartner tun). Meiner Beobachtung nach sind die am häufigsten vorkommenden Reaktionen Erleichterung, mehr

Klarheit und Gelassenheit, weniger Stress. Oft wird auch geäußert, mehr Einblick bekommen zu haben, sich besser zu verstehen.
- Hilfreich ist es auch, schließlich dieser Frage nachzugehen: »*Wie könntest du dich selbst unterstützen, dich an die Analyse zu erinnern, wenn die Situation XY wieder auftaucht?*«

Der Zeitbedarf von einer bis zu zwei Stunden für diese ausführlichere Variante lohnt sich, weil man viel über sich selbst erfährt und auf andere, vielleicht ähnliche problematische Situationen besser vorbereitet ist. Es folgt ein Beispiel einer solchen intensiveren Arbeit.

Die Mutter von Julius nervt
Es handelt sich um eine Jugendhilfemaßnahme, die im Auftrag des Jugendamts von einem Träger durchgeführt wird. Lisa ist die Fachkraft (Sozialpädagogin), die damit beauftragt ist, aber große Mühe im Umgang mit der Mutter hat. Die Mutter von Julius hält die Absprachen mit Lisa, der Betreuerin, in Bezug auf Julius immer wieder nicht ein, zum Beispiel Abholung von der Hausaufgabenbetreuung in der Schule am Nachmittag, Abholung von der Schule. Immer wieder erklärt sie: »Das habe ich vergessen.« Lisa empfindet Wut, Ärger, ist genervt und von der Mutter enttäuscht. Um ihre eigene Position besser zu verstehen, führen wir eine gründliche Eigenauftragsanalyse durch.

Zunächst werden die Fragen zur Situation und den entsprechende Eigenaufträge gestellt.
1. »*Wonach ist dir in der Situation XY gefühlsmäßig zumute, was würdest du am liebsten tun? Was noch?*«

    EA1: »Frage sie, ob sie noch ganz ›dicht‹ ist!«

    EA2: »Konfrontiere sie energisch mit den Folgen für ihren Sohn, wenn sie sich weiter so verhält!«

    EA3: »Sprich mit ihrem Mann über ihr Verhalten!«

    EA4: »Sei Anwalt des Kindes und mache ihr das Fehlverhalten deutlich!«

    EA5: »Informiere die SpFH-Mitarbeiterin und die Psychologin über das Verhalten der Mutter!«

2. »*Was davon erlaubst du dir aber dann doch nicht?*«
   Die Eigenaufträge 1, 2 und 3 hat Lisa daraufhin fallen gelassen, stattdessen formuliert sie:
   EA6: »Schlucke deinen Ärger herunter und kläre die Vorfälle später, wenn der Ärger weg ist!«
   EA5 behält Lisa bei.
3. »*Welche eigene persönliche Haltung vertrittst du? Was solltest du aus deiner Sicht in der Situation XY tun, um dir selbst und deiner Haltung und deinen Werten treu zu bleiben?*«
   EA7: »Vermittle ihr respektvoll, welche Konsequenzen ihr Verhalten hat, ohne sie dabei abzuwerten!«
4. »*Wovon bist du überzeugt, wie du die Arbeit in der Situation zu erledigen hast, wofür du professionell verantwortlich bist?*«
   EA9: »Mach's richtig, dass sie das Problem versteht! Probiere alles, dass sie versteht, warum Zuverlässigkeit für ihr Kind wichtig ist!«
   EA10: »Sorge für den Sohn! Denn welche Zukunft hat er mit dieser Mutter, wenn du ihr nicht hilfst, ihr Erziehungsverhalten zu verändern?«
   EA11: »Sei Anwalt des Kindes!«
   EA12: »Setze die Aufträge vom Jugendamt um, du bist letztlich fallverantwortlich dafür, denn in kurzer Zeit hat viermal die zuständige ASD-Mitarbeiterin gewechselt!« (Lisa war selbst schon in einem ASD tätig und kennt die Verhältnisse und die Auswirkungen.)
5. »*Welche inneren Aufforderungen (psychologische Antreiber) spürst du in der Situation?*«
   Hier gab es keine spezifischen Eigenaufträge außer dem EA8, so zu arbeiten, dass die Mutter versteht, um was es geht.
6. »*Welches Bedürfnis regt sich in dir in der Situation? (z. B. nach Sicherheit, nach Anerkennung, nach Zufriedenheit, nach Ruhe, nach Wirksamkeit ...)*«
   EA13: »Gehe deinem Bedürfnis nach Sicherheit in der Form nach, dass du verlässlich bist!«
7. »*Welche Befürchtungen hegst du im Zusammenhang mit der Situation XY, je nachdem, was du tust oder auch nicht tust? Welche Befürchtungen hast du für dich? Welchen Befürchtungen für andere?*«

EA14: »Lass nicht locker, es könnten deine fachlichen Kompetenzen von der Kollegin der SpFH oder der Psychologin infrage gestellt werden, die auch in den Fall involviert sind!«

EA15: »Lass nicht locker, Julius braucht deine Unterstützung (siehe auch EA4)!«

8. »*Sofern das in der Situation XY eine Rolle für dich spielt: Wie könntest, solltest oder müsstest du dich in der Situation verhalten, damit für dich der Sinn deiner Arbeit erfüllt ist?*«

Hier melden sich bei Lisa verschiedene Impulse:

EA16: »Mach *keine* Arbeit, die dich so auslaugt!«

EA17: »Mach weiter, du bekommst das hin!«

EA18: »Gehe nur hin, wenn es brennt (wenn es wirklich wichtig ist)!«

9. »*Was zu tun fühlt sich für dich persönlich authentisch und deiner Art zu handeln angemessen an?*«

(ist in EA11 und EA12 enthalten)

Es folgt die Auswertung. Bei der Reflexion der Eigenaufträge ergeben sich für Lisa folgende Abwandlungen: Die Eigenaufträge, mit denen Lisa die Einstellungen, das Verhalten und die Einstellung der Mutter zu verändern will, können nur Versuche sein, daher entstehen neue Formulierungen:

EA4 (neu): »*Versuche* Anwalt des Kindes zu sein und der Mutter ihr Fehlverhalten und die Folgen für Julius deutlich zu machen!«

EA13 (neu): »*Versuche* deinem Bedürfnis nach Sicherheit und Verlässlichkeit nachzugehen!«

Die Frage nach dem Sinn der Arbeit ergibt für Lisa die Formulierung folgender Eigenaufträge:

EA8: »Arbeite so, dass deine Kräfte nicht aufgebraucht werden! Denn das ist effizient, und du arbeitest dann erfolgreich!«

Die Frage nach der Identität, »Wer willst du für dich sein?«, führt zu folgender Formulierung:

EA19: »*Kümmere dich darum,* dass du stolz auf dich sein kannst! Und dass du gut für dich sorgen kannst!

10. »*Welche Verbindung gibt es in diesem Fall und der Situation zu deiner Lebensführung, die dir wichtig wäre?*«
    EA13 (neu): »*Versuche*, ein ausgeglichenes, zufriedenes Leben zu führen und gut gelaunt zu sein. Dazu gehört, effizient und erfolgreich zu arbeiten und nicht alle Kräfte aufzubrauchen!«
11. »*Wie wäre dann die Arbeit als Teil deines Lebens für dich? Was würde es für deine Lebensgestaltung bedeuten?*«
    EA14 (neu): »Arbeite so, dass es dich erfüllt! Denn so zu arbeiten würde für dich mehr Sinn ergeben und du wärst zufriedener.«

Jetzt werden Anschlussfragen zu den markierten Eigenaufträgen formuliert:

- »*Wie könntest du diese Eigenaufträge abwandeln bzw. umformulieren? Welche könntest du ganz fallen lassen? Wo könntest du Prioritäten neu setzen? Vielleicht merkst du, dass du manche Forderungen an dich zumindest in der Situation nach hinten rücken kannst; was könntest du dir bei näherer Betrachtung erlauben?*«
- »*Wie lauten die jeweiligen neu formulierten Eigenaufträge nun?*«

Zum Schluss wurden noch die Eigenaufträge aus der Liste, die nicht als problematisch eingestuft worden waren und beibehalten wurden, zur neuen Liste hinzugefügt. Es entstand folgende Übersicht über (die teilweise neu formulierten) Eigenaufträgen:

EA5: »Informiere die SpFH und die Psychologin über das Verhalten der Mutter!«

EA7: »Vermittle der Mutter respektvoll, welche Konsequenzen ihr Verhalten hat, ohne sie dabei abzuwerten!«

EA8: »Arbeite so, dass deine Kräfte nicht aufgebraucht werden. Arbeite effizient und erfolgreich!«

EA9: »Geh mit der Mutter so um, dass sie *vielleicht* versteht, worum es geht! *Probiere* alles, was dir dazu einfällt!«

EA10: »Kümmere dich dem Sohn zuliebe um die Mutter! (Welche Zukunft hat er mit dieser Mutter, wenn du ihr nicht hilfst, ihr Erziehungsverhalten zu verändern?)«

EA11: »*Versuche* Anwalt des Kindes zu sein und *versuche* der Mutter ihr Fehlverhalten und die Folgen für ihren Sohn deutlich zu machen!«

EA12: »Setze die Aufträge vom Jugendamt um (du bist praktisch fallverantwortlich dafür, denn in kurzer Zeit hat viermal die ASD-Mitarbeiterin gewechselt!)!«
EA13: »*Versuche,* ein ausgeglichenes, zufriedenes Leben zu führen und gut gelaunt zu sein. Dazu gehört auch, nicht alle Kräfte aufzubrauchen und *versuche* deinem Bedürfnis nach Sicherheit und Verlässlichkeit nachzugehen!«
EA14: »Sorge dafür, dass du in dieser Form arbeiten kannst und zufriedener mit deinem Leben bist!«
EA19: »*Kümmere dich darum,* dass du stolz auf dich sein kannst! Und auch darauf, dass du für dich sorgen kannst!«

Das Ergebnis wird dann besprochen.
»*Wenn du die neu entstandene Liste betrachtest: Wie fühlt sich das jetzt im Vergleich zu vorher an?*«
Lisas Antwort lautet: »Ich habe einige Einsichten gewonnen, die mir vorher so nicht klar waren. Es fühlt sich gut an!«
»*Wie könntest du dich unterstützen, um dich daran zu erinnern, wenn du wieder in so einer Situation bist?*«
»Wenn ich nach der Familienzeit wieder anfange, ist diese Eigenauftragsanalyse eine gute Merkhilfe!«
Lisa gibt sich einen weiteren neuen Eigenauftrag: »Verwende diese Eigenauftragsanalyse bei zukünftigen Fällen, die sich ähnlich entwickeln!«
Diese Arbeit mit Lisa umfasste zwei Termine, und in der Zwischenzeit hatte sie auch alles verschriftlicht. Die inneren Prozesse spielten sich mit Blick auf Lisas Antworten relativ schnell ab, obgleich die Fragen für sie nicht immer einfach zu beantworten waren.

6.3 Die Arbeit mit Interviewpartner*innen: Worauf es ankommt

Wer sich als Interviewer*in zur Verfügung stellt, bekommt den Fragebogen zusammen mit bestimmten Hinweisen (siehe dazu die Anlage auf S. 146). Als Interviewer*in kann aus dem Verständnis der schwierigen Lage, in der sich die oder der Betroffene befindet, Mitgefühl und daraus der Impuls entstehen, mit einem guten Rat weiterzuhelfen. Davor sei ausdrücklich gewarnt! Als Interviewer*in gibt man sich dann selbst einen Eigenauftrag, um den nicht gebeten wurde. Die eigenen Helferimpulse zu zügeln und sich strikt jeglicher Vorschläge oder Empfehlungen zu enthalten, ist für die interviewte Person besser; nur das, worauf sie selbst kommt, ist wichtig. Allenfalls kann vorsichtig unterstützt werden, wenn es darum geht, die Antworten auf die Fragen im Arbeitsblatt in die Form des Imperativs zu bringen. Hier kann ein Formulierungsvorschlag angeboten werden: »Wäre folgender Satz für dich passend?« Mit dieser Vorgehensweise habe ich gute Erfahrungen gemacht, denn als Interviewer fällt es oft leichter, den in der Antwort enthaltenen Eigenauftrag zu identifizieren. So werden Schritt für Schritt die Fragen bearbeitet, die Liste der neuen Eigenaufträge durchgegangen, und schließlich erfolgt die Schlussauswertung. Die oder der Interviewer sollte nicht darum »kämpfen«, dass es dem Gegenüber nach der Eigenauftragsanalyse besser geht. Es gibt keine Garantie, dass ein solcher positiver Effekt eintritt!

6.4 Zur Methodik des Selbstinterviews: Externalisierung, Selbstbefragung und Reflexion

Die Eigenauftragsanalyse in Eigenregie durchzuführen, ist gegenüber der Variante des Interviews etwas schwerer und eventuell auch nicht so ergiebig. Sie gleicht quasi der Geschichte des Barons von Münchhausen, der sich selbst samt Pferd am Schopf aus dem Sumpf zog. Das ist eine der Lügengeschichten des Barons und nur metaphorisch gemeint. Sie soll in humorvoller Form den erhöhten Schwierigkeitsgrad der in eigener Regie durchgeführten Eigenauftragsanalyse zum Ausdruck bringen.

Wenn die Analyse von Eigenaufträgen in Eigenregie vollkommen dieser Metapher entspräche, wäre es unsinnig, was ich jetzt vorschlage. Eine Externalisierung wie im Folgenden erwähnt kann jedoch helfen.

Das Interview mit den Fragen und der Untersuchung der Antworten bleibt im Wesentlichen gleich. Da man Betroffener und Interviewer zugleich ist, kann als technische Hilfe dienen, die Interviewfragen aufzuzeichnen, eventuell sogar mit jemand anderem als Sprecher*in, und anschließend das Ganze abzuspielen. Dadurch ent-

Abbildung 17: Sich am eigenen Schopf aus dem Sumpf ziehen

steht in gewisser Form eine Externalisierung, die an die Vorteile des Interviews anknüpft.

Wichtig ist auch hier, die Antworten, die einem selbst bei den Fragen spontan einfallen, gleich aufzuschreiben und nicht erst noch einer kritischen (Selbst-)Zensur zu unterziehen. Sonst werden wichtige Spuren verwischt, die aufschlussreich für die Analyse wären! Hilfreich ist auch, freundlich mit dem inneren Zensor oder der inneren Zensorin umzugehen, wenn sie oder er sich auf den Plan gerufen fühlt, und die auftretenden Einwände ernst zu nehmen. Vielleicht kann ein wohlklingender Name oder Begriff als Bezeichnung für diesen inneren Anteil unterstützen, zum Beispiel »mein Schutzschild«; denn dieser Teil will einen vor einer befürchteten Blamage schützen. Es wäre ein Nachteil, wenn einem aus Gründen der Scham vor sich selbst manche der Eigenaufträge nicht bewusst würden; denn sie wirken trotzdem, eben im Verborgenen.

Übrigens muss kein Eigenauftrag gleich verworfen werden. Es ist normal, wenn das schwerfällt. Denn es werden die eigenen Werte, Überzeugungen und wahrscheinlich noch gewichtigere Faktoren, zum Beispiel die Sinngebungen bezüglich der eigenen Arbeit, berührt (vgl. siebte Erkundungsreise). Die gilt es zu beachten und nicht zu verdrängen.

Es empfiehlt sich, zuerst die einfachere Variante der Eigenauftragsanalyse zu erproben, um sich einer schwierigen Situation zu nähern und seine bisherigen Eigenaufträge zu verändern, und sich dann erst an der aufwändigeren Variante zu versuchen. Meiner Beobachtung nach ist es mit dieser Vorgehensweise möglich, sich eben doch selbst aus dem Sumpf mancher Eigenaufträge zu ziehen.

6.5 Die Visualisierung und Aufstellung von Eigenaufträgen

Das Auftragskarussell im konkreten Fall zu zeichnen, ist eine Form der Visualisierung, mit der eine Außerperspektive hergestellt werden kann. Allein schon die Eigenaufträge aufzuschreiben, ist eine Art der Visualisierung.

Eine andere wirkungsvolle Methode ist die Aufstellung. Bei einer Variante wird für die identifizierten Eigenaufträge, für sich selbst und für die Situation XY, um die es geht, eine Schablone aus Karton oder einem DIN-A4-Blatt genommen. Darauf wird die Blickrichtung eingezeichnet. Die Schablonen werden auf dem Boden im Abstand und mit der Blickrichtung zueinander gelegt, wie es dem eigenen Erleben entspricht. Aus der Außensicht wird die oder der Betroffene gefragt, was ihr bzw. ihm an der Konstellation auffällt.

Dazu ein Beispiel: In einem Seminar, das ich in Co-Leitung durchführte und in dem es um den Umgang mit schwierigen Auftragslagen ging, fiel auf, dass sich die Anfangsaufstellung der Eigenaufträge in den meisten Fallbeispielen der Teilnehmer*innen im Schlussbild zu einem Halbkreis verändert hatte, in dessen Mitte die Ich-Person stand.

Die Teilnehmer*innen äußerten, dass sie mit ihren Eigenaufträgen zusammenarbeiten wollen, wobei sie selbst aber als die Ich-Person die Führung innehaben. Das Schlussbild zeigt eine typische Anordnung der Protagonist*innen.

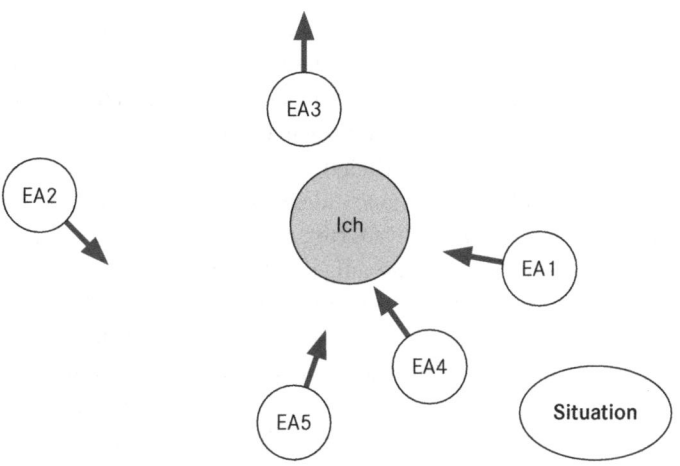

Abbildung 18: Anfangsbild (Eigenaufträge befinden sich hinter dem Rücken der aufstellenden Person)

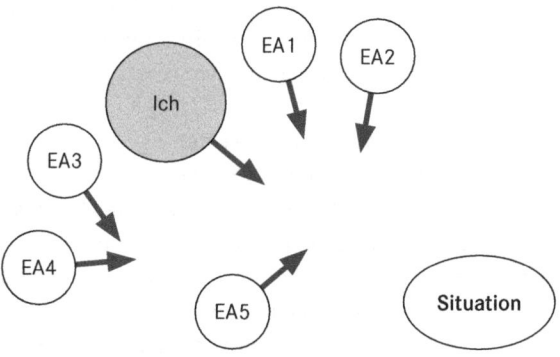

Abbildung 19: Schlussbild (Eigenaufträge stehen als Team im Halbkreis um die aufstellende Person herum)

Intensiver wird das Erleben, sich selbst auf die vorher ausgelegten Schablonen zu stellen und zu prüfen, wie es sich für einen selbst auf den jeweiligen Plätzen anfühlt. Es ist sehr aufschlussreich, festzustellen, was innerlich passiert, wenn die Plätze verändert werden (einschließlich des eigenen Platzes), bis sich das Ganze stimmiger anfühlt. Am Schluss steht die Frage an die aufstellende Person, welche Folgerungen sich aus den bisherigen Eigenaufträgen ergeben. Diese Variante sollte allerdings fachlich begleitet werden.

Wird in einer Gruppe gearbeitet, werden aus der Gruppe von der aufstellenden Person für jeden identifizierten Eigenauftrag, für die Situation und für sich selbst Gruppenteilnehmer*innen als Protagonist*innen ausgewählt und aufgestellt. Dann werden alle (also auch die Ich-Person) gefragt, wie sie sich auf dem Platz fühlen. Eine Variante haben Insa Sparrer und Matthias Varga von Kibéd (2014) entwickelt: Während die Protagonisten sich umstellen, werden die anderen Protagonisten danach gefragt, welche Wirkungen sie bei sich beobachten. Am Schluss stellt sich die aufstellende Person an ihren neuen Platz und spürt nach, wie es sich dort im Vergleich zum Anfang anfühlt. Auch hier wird nach den praktischen Schlussfolgerungen für die bisherigen Eigenaufträge gefragt.

Für Online-Aufstellungen steht inzwischen eine Software zur Verfügung. Dazu ein Beispiel, in dem mein Kollege Holger Lier (siehe www.holger-lier.de) online mit einer Supervisandin ihre Eigenaufträge in einer für sie schwierigen familiären Situation aufgestellt und die Plätze verändert hat. Ich war der Interviewer.

Herta und der zuckerliebende Schwiegervater

Es geht Herta um eine schwierige familiäre Problematik. Ihr Schwiegervater ist schwer krank und sollte wegen des Diabetes keine süßen Sachen essen. Die Prognose seines Arztes ist schlecht.

Der Schwiegervater ist Hartz-IV-Empfänger und wohnt weiter weg. Er gibt sein Geld ohne Rücksicht auf seine Erkrankung für süße Sachen aus. Hertas Mann lässt seinem Vater heimlich immer wieder Geld zukommen, von dem er sich wahrscheinlich Süßigkeiten kauft. Darüber regt sich Herta auf, es kommt zu lautstarkem Streit oder aber es herrscht »dicke Luft«.

Ihre Empfindungen in dieser Situation sind Traurigkeit über die Situation, aber auch Zweifel, ob ihr Mann verlässlich ist. Kann sie ihm vertrauen? Herta zweifelt, ob sie übergriffig ist, wenn sie sich bei ihrem Schwiegervater einmischt, und ob sie die anderen in der Familie damit nervt, dass sie immer wieder das drohende Unheil anspricht und einen Austausch darüber mit ihnen möchte.

Anhand des Arbeitsblattes für die Analyse der Eigenaufträge entsteht die folgende Liste mit einer Gewichtung der Eigenaufträge.

EA1: »Suche gemeinsam mit anderen nach Lösungen!« (2,5)
EA2: »Sag, was du denkst!« (1)
EA3: »Versuche mit den anderen eine gemeinsame Sicht auf das Problem herzustellen!« (2)
EA4: »Bleibe fair bezüglich deines Mannes! Vertraue ihm!« (4) »Stehe zu den Entscheidungen deines Mannes in Bezug auf seine Geldgaben an seinen Vater!« (4)
EA5: »Geh liebevoll mit deinen Familienmitgliedern um!« (3)
EA6: »Lebe den Kindern Achtsamkeit in Bezug auf Krankheit und Tod vor!« (4)
EA7: »Helfe dem Schwiegervater, wenn er es möchte!« (3)
EA8: »Mache die anderen nachhaltig darauf aufmerksam, dass Unheil droht!« (5)
EA9: »Sprich offen mit deinem Mann über XY!« (3)
EA10: »Frag nach den Grenzen der anderen!« (5)
EA11: »Mach es allen recht! (versus EA12)« (2)
EA12: »Lass das bleiben!« (2)
EA13: »Schütze deine Kinder vor dem traumatischen Erlebnis des Todes ihres Opas!« (5)
EA14: »Achte darauf, dass deine Kinder den Tod als Teil des Lebens zu verstehen!« (4)
EA15: »Sei verantwortlich und für die anderen Familienmitglieder da!« (4)

Herta wählt für die Aufstellung spontan die Eigenaufträge 8, 10 und 13 aus. Es entsteht zur Position der Situation XY, ihrer eigenen Stellung und die der ausgewählten Eigenaufträge folgendes Anfangsbild (Abbildung 20).

Es fällt auf, dass die Eigenaufträge 8, 10 und 13 zwischen der Situation und Herta stehen und ihr den Blick auf die Situation quasi verstellen. Sie empfindet ein Unbehagen darüber, dass sie sich gar nicht mehr richtig auf die Situation beziehen kann.

Sie verändert dann nach und nach die Positionen der Eigenaufträge zu folgendem Schlussbild (Abbildung 21): Herta hat wieder freien Blick auf die Situation und der Eigenauftrag 13 steht ihr zur Seite, was sie als unterstützend erlebt. Der Eigenauftrag 8 und der Eigenauftrag 10 stehen seitlich, der Eigenauftrag 10 aber näher bei Herta. In diesem Schlussbild fühlt sie sich von ihren Eigenaufträgen begleitet und freier, um mit der Situation besser umzugehen. Denn die ist insbesondere für ihre Kinder bedrohlich, weil für sie der Tod des Opas eher traumatisch werden kann.

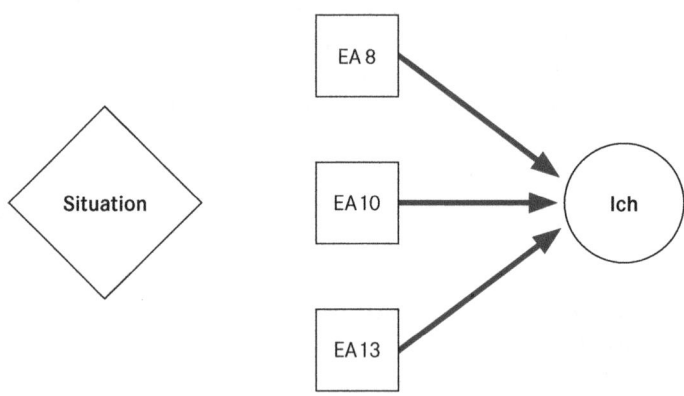

Abbildung 20: Anfangsbild von Herta

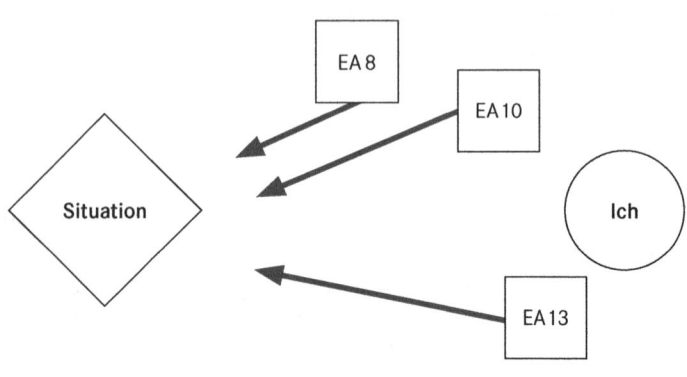

Abbildung 21: Schlussbild von Herta

Es folgt ein weiteres Fallbeispiel einer Eigenauftragsanalyse, das mit der ausführlichen Variante durchgeführt wurde. Daran zeigt sich erneut, wie viele Eigenaufträge zusammenkommen können, wenn differenziert danach gefragt wird.[22] Das Arbeitsblatt zur Untersuchung von Eigenaufträgen wird in hierbei leicht abgewandelter Form gewendet. Es ist empfehlenswert, im Interview flexibel auf die konkrete Situation einzugehen und die Fragen anzupassen.

Timos Eingewöhnung

Anna arbeitet in einer Kindertagesstätte als Leiterin. Sie betreut aufgrund ihrer langjährigen Erfahrung eine Gruppe mit zweijährigen Kindern. Sie hat die Gruppe neu aufgebaut. Es gilt auch seitens des Trägers als Vorzeigeprojekt.

Die Eingewöhnung eines der Kinder, ein Junge im Alter von zwei Jahren, verläuft sehr schwierig: Timo schreit, wenn die Mutter gehen will; sie gibt dann gleich nach, lässt nicht los, wodurch das Muster aufrechterhalten wird. Es entsteht auch Unruhe bei den anderen Kindern. Annas Erfahrung mit solchen Situationen zeigt, dass eine Mutter dann einfach gehen muss, sich ihr Kind daraufhin relativ rasch von selbst beruhigt und beginnt, mit den anderen Kindern zu spielen. Die Situation ist für Anna ziemlich stressig, weil ja noch andere Kleinkinder da sind, für die es auch um eine gelungene Eingewöhnung geht. Die Kinder und ihre Mütter sind durch die Situation irritiert. Anna hat mit Timos Mutter, die dann nach längerem Hin und Her doch die Kita verließ, schon mehrmals gesprochen und ihr erzählt, dass sich ihr Bub rasch beruhigt, sobald sie gegangen ist. Das hat jedoch nichts genützt. Das morgendliche Drama blieb. Anna nutzt die Eigenauftragsanalyse, um einen Weg zu finden, mit der Situation besser klar zu kommen.

---

22 Wenn Ihnen, liebe Leser*innen, die nachfolgende Lektüre mit der sehr großen Zahl an Eigenaufträgen zu langwierig ist, können Sie auch zur Schlussauswertung der Analyse auf S. 119 blättern. Dass so viele Eigenaufträge zusammenkamen, macht verständlich, warum Anna die Situation als stressig erlebt hat.

Ausgangsfrage: »*Mit welchen Empfindungen oder Gefühlen hast du in dieser Situation zu tun?*«

»Ich bin gestresst, ärgere mich über die Mutter und bin letztlich ratlos, weil nichts hilft.«

Die Fragen zur Situation und die entsprechenden Eigenaufträge werden formuliert und die Antworten gleich in einen Eigenauftrag übersetzt.

1. »*Wonach ist dir in der Situation spontan zumute? Was würdest du am liebsten tun? Nenne alles, was dir einfällt!*«
   EA1: »Helfe der Mutter!«
   EA2: »Schrei die Mutter an, sie solle endlich loslassen!«
   EA3: »Geh in dein Büro und mache Leitungsaufgaben!«
   EA4: »Bleib (öfters) mal zu Hause! Nutze deine Teilzeitanstellung!«
   EA5: »Geh zum Kind, bleib bei ihm und halte es aus!«
2. »*Was davon erlaubst du dir dann doch nicht?*«
   EA6: »Bleib nicht zu Hause!«
   EA7: »Schrei die Mutter nicht an, sondern bleib ruhig und geduldig!«
   EA8: »Geh nur hin und wieder ins Büro!«
3. *(abgewandelt):* »*Was könntest du stattdessen tun, was wäre fachlich richtig?*«
   EA9: »Bleib ruhig und gelassen, biete der Mutter ein Beratungsgespräch an!«
   EA10: »Bleib im Ton ruhig!«
   EA11: »Geh nur gelegentlich ins Büro und erledige Leitungsaufgaben, um dich selbst damit abzulenken!«
   Den Eigenauftrag 4 lässt Anna fallen.
4. »*Wenn du von deiner persönlichen Haltung und deinen Werten ausgehst, was solltest du deiner Meinung nach tun, um deinen Werten treu zu bleiben?*«
   EA12: »Beeinflusse die Eingewöhnungssituation so, dass es für alle Kinder möglichst schnell, schmerzfrei und erträglich ist!«
   EA13: »Kehre bei den Eltern von Timo nichts unter den Teppich! Sag, was dir auffällt!«
   EA14: »Nimm Timos Not und die seiner Mutter ernst!« (5)
   EA15: »Vermittle Zuversicht: ›Wir schaffen das schon!‹« (5)

EA16: »Schaffe die Grundlage dafür, dass Mutter und Kind loslassen können!« (4)
EA17: »Akzeptiere deine Hilflosigkeit!« (4)
EA18: »Kehre der Mutter gegenüber nichts unter den Teppich!« (5)
EA19: »Nimm die Not des Kindes und der Mutter und des Vaters ernst!« (5)
EA20: »Vermittle Zuversicht: Wir schaffen das schon!« (5)
5. *»Wovon bist du überzeugt, wie du die Arbeit zu erledigen hast? Für was fühlst du dich verantwortlich?«*
EA21: »Versuche herauszufinden, woran es liegt!« (4)
EA22: »Sorge dafür, dass das Kind den Wechsel unbeschadet durchleben kann!« (4)
EA23: »Sorge dafür, dass das Kind die Zeit bekommt, die es dafür benötigt!« (4)
EA24: »Schaffe als Leiterin in der Kita einen Rahmen, dass dies möglich wird!« (5)
EA25: »Stelle eine Vertrauensbasis zur Mutter und zum Kind her!« (4)
EA26: »Führe dein Team so, dass es die Eltern oder Timo nicht verurteilt, weil sie sich nicht voneinander lösen können!« (3)
6. *»Welche inneren Antreiber bemerkst du?«*
Antwort: »Mach's allen recht!« Das schlägt sich für Anna in den folgenden Eigenaufträgen nieder:
EA27: »Sorge dafür, dass die Eingewöhnung bei *allen* Kindern schnell und schmerzlos funktioniert!« (3)
EA28: »Sorge dafür, dass die Eingewöhnungseltern, während sie im Gruppenraum anwesend sind, Kinder erleben, die in einer ruhigen Gruppenatmosphäre spielen!« (5)
EA29: »Finde einen Zaubertrick, der bewirkt, dass das Problem des Loslassens und der Schmerz sofort verschwindet, sodass die Eltern und das Kind nicht leiden müssen!« Anna muss an der Stelle lachen, weil es natürlich keinen Zaubertrick gibt. (1)
7. *»Wenn du an die Situation denkst, welche Bedürfnisse tauchen bei dir auf?«*
Antwort: »Ruhe, wirksam sein.«
EA30: »Mach mehr Beratungen, so wie du es gelernt hast!« (5)
EA31: »Schaff dir Ruhe!« (3)

EA32: »Sorge für eine Begegnung mit der Mutter unter vier Augen und dafür, dass das Gespräch konzentriert und ruhig abläuft!« (5)

EA33: »Hör dir keine Probleme mehr an und kümmere dich nicht gleich um Lösungen, ohne vorher den Auftrag dazu bekommen zu haben!« (5)

EA34: »Mach nicht jeden weiteren Tag der schwierigen Eingewöhnungsarbeit einfach so weiter, sondern lade die Mutter und, wenn es geht, den Vater zu einem Vier-/Sechs-Augen-Eingewöhnungsgespräch ein, dass du in Ruhe und mit Konzentration führen kannst! Sorge dafür, dass das Gespräch klappt!« (5)

Anna wählt nun die Eigenaufträge mit den Werten (4) und (5) aus, mit denen sie weiterarbeiten will:

EA6: »Bleib nicht zu Hause!« (5)

EA7: »Schreie die Mutter *nicht* an!« (5)

EA13: »Kehre nichts unter den Teppich!« (5)

EA14: »Nimm die Not des Kindes und der Mutter und des Vaters ernst!« (5)

EA17: »Akzeptiere deine Hilflosigkeit!« (4)

EA20: »Vermittle Zuversicht: Wir schaffen das schon!« (5)

EA22: »Sorge dafür, dass das Kind den Wechsel unbeschadet durchleben kann!« (4)

EA23: »Sorge dafür, dass das Kind die Zeit bekommt, die es dafür benötigt!« (4)

EA24: »Schaffe als Leiterin in der Kita den Rahmen, dass dies möglich wird!« (4)

EA25: »Schaffe eine Vertrauensbasis zu den Eltern und dem Kind!« (4)

EA26: »Führe das Erzieherinnenteam so, dass es Mutter, Vater und Kind nicht dafür verurteilt, dass sie sich nicht voneinander lösen können!« (4)

Bei allen Eigenaufträgen, deren Umsetzung sie nicht sicher erreichen kann, setzt Anna an die Stelle von »Sorge dafür, dass ...« die Formulierung: »Bemühe dich darum, dass ...«

EA30: »Probiere deine Beratungsarbeit so durchzuführen, wie du es ja schon gelernt hast!« (5)

EA31: »Versuche für dich Ruhe zu schaffen!« (5)
EA32: »Bemühe dich um ein persönliches Gespräch mit Timos Eltern und um einen ruhigen, konzentrierten Gesprächsverlauf!« (5)
EA33: »Achte darauf, keine Probleme mehr ohne vorherigen Auftrag zu lösen!« (5)

Die Zahl der Eigenaufträge ist ersichtlich sehr hoch, und alle zusammen sind kaum zu bewältigen. Insofern ist es kein Wunder, dass Anna sich trotz ihrer Erfahrung als Erzieherin und Leitung überfordert fühlt.

Eine Skalierung der Eigenaufträge hat Anna zu Hause gemacht: Alle Eigenaufträge mit der Gewichtung (1), (2) und (3) auf der Skala hat sie ausgeklammert und nicht weiter verfolgt.

Es folgte das zweite Beratungsgespräch. Anna hat letztlich kein besonderes Unbehagen dabei empfunden, viele Eigenaufträge mit niedrigerer Gewichtung wegzulassen. So blieben von 44 Eigenaufträgen letztlich nur fünf übrig, die ihr sehr wichtig waren:

EA14: »Nimm die Not des Kindes und der Mutter und des Vaters ernst!« (5)
EA17: »Akzeptiere deine Hilflosigkeit!« (5)
EA20: »Vermittle Zuversicht! Wir schaffen das schon!« (5)
EA25: »Schaffe eine Vertrauensbasis zu den Eltern und dem Kind!« (4)
EA26: »Führe das Erzieherinnenteam so, dass die Kolleginnen die Eltern nicht dafür verurteilen, dass es ihnen noch nicht gelingt, sich vom Kind zu lösen!« (4)

Für die Arbeit an diesen Eigenaufträgen war eine längere Online-Session notwendig und zusätzliche Arbeit Annas daran zu Hause. Aber es hat sich für sie gelohnt! In der Schlussauswertung sagte sie: »Ich bin erleichtert, ich habe mich bisher einfach überfordert. Trotzdem werde ich die Stelle wechseln, sobald es geht, damit ich als Beraterin arbeiten kann.«

Dass Anna in der Situation mit so vielen Eigenaufträge zu tun hatte, war ihr nicht bewusst, dass sie aber jedes Mal morgens in großer Anspannung war und sich schließlich hilflos fühlte, wurde ihr verständlich. Inzwischen arbeitet Anna in Teilzeit in einer anderen Kita und auch als Beraterin einzelner Kitas. Bis zu ihrer Eigenauftragsanalyse hatte sie einen Stellenwechsel nur halbherzig verfolgt.

Abbildung 22: Wo geht es denn hier weiter?

7 Siebte Erkundungsreise: Eigenaufträge und Lebenskunst

In dieser Erkundungsreise knüpfe ich an Überlegungen in früheren Kapiteln an, in denen die Verbindung von Eigenaufträgen mit der Frage nach der eigenen Identität, dem Lebensentwurf und entsprechenden Sinngebungen bereits anklang. Diese Faktoren stehen hinsichtlich der (neuro-)logischen Ebenen ganz oben; sie zu erreichen fördert das Erleben von Kohärenz und hat somit einen positiven Einfluss auf die Gesundheit. Es ist möglich, Eigenaufträge dementsprechend zu gestalten – das ist eine gute Nachricht!

Der Eigenauftrag, etwas für das eigene seelische Wohlbefinden zu tun, ist mit Hilfe der beschriebenen Methoden insofern ebenfalls erfüllbar, wenn man sich die Zeit dafür nimmt. Das ist eine weitere gute Nachricht und kommt auch unseren Klient*innen und die Kolleg*innen zugute!

7.1 Eigenauftragssysteme und (neuro-)logische Ebenen: Was verbindet sie?

Im Schema der Entstehung von Eigenauftragssystemen wurde auch das Konzept der »logischen« bzw. »neurologischen Ebenen« von Robert Dilts eingearbeitet und in Kapitel 2.1 kurz behandelt.[23] Wie Abbildung 8 auf Seite 44 zeigt, stehen die verschiedenen Ebenen in einer Wechselwirkung zueinander: »Formation« und »Transformation« bedeuten, dass sich die auf den Ebenen angesiedelten Faktoren gegenseitig beeinflussen und verstärken. Wer zum Beispiel *nicht* glaubt,

---

23 Vergleiche verschiedene Einträge im Netz unter dem Stichwort »Neurologische Ebenen« nach Robert Dilts. Es gibt verschiedene therapeutische Ansätze, damit zu arbeiten. In unserem Zusammenhang greife ich auf die bereits erwähnte Fragetechnik des Chunking up und Chunking down zurück (siehe Anhang, S. 159 ff.).

über bestimmte Fähigkeiten zu verfügen oder sie entwickeln zu können, »hat« sie im Ergebnis auch nicht, wenn es darauf ankommt. Der Glaubenssatz »Ich kann nichts!« wird durch das, was jemandem im Alltag passiert, immer wieder bestätigt und verfestigt.

Die Ebenen entwickeln sich beim Einzelnen als Konstrukt meistens in einer Wenn-dann-Logik: Vor allem der Weg zur Erfüllung der eigenen Identitätswünsche und der anvisierten Lebensentwürfe scheint *nur* über die Einlösung der Wertevorstellungen, der Umsetzung bestimmter Glaubenssätze, der Befriedigung eigener Bedürfnisse und der Realisierung entsprechender Verhaltensstrategien zu gelingen – und nicht anders (Abbildung 23). Eine Einengung der eigenen Vorstellung mobilisiert Ängste zu scheitern; wenn dann ein Vorhaben nicht wie erwartet »funktioniert«, führt das auch zu Konflikten mit anderen. Ein Beispiel dafür habe ich auf Seite 36 f. geschildert.

innere Konstrukte

eigene Identität, Sinn, Lebensentwurf ⟷ die Arbeit als Teil der Verwirklichung

Abbildung 23: Lebenssinn und Arbeit als Teilbereich

Die sich auf den neurologischen Ebenen entwickelnden Eigenaufträge und ihre erfolgreiche Umsetzung werden häufig als Voraussetzung für das Erreichen sogenannter höherer Lebensziele angesehen, und dementsprechend kämpft jemand auch dafür. Der systemische Blick auf die konkrete Situation geht leicht verloren. Die anderen Beteiligten wundern sich vielleicht über das Verhalten, können es sich nicht erklären, und bauen es eventuell in ihre Wirklichkeitskonstrukte als Ausdruck von Sturheit oder Uneinsichtigkeit der beobachteten Person ein.

Abbildung 24 zeigt, wie verschiedene Stränge (mit A, B, C abgekürzt) zu obersten Lebenszielen führen können. Es lohnt sich also, über die eigenen Konstrukte nachzudenken und zu prüfen, wie man auch auf anderem Weg zu Sinnerfüllung in der eigenen Arbeit gelangen könnte.

Die Sinngebungen erfolgen oft *ungewusst* (siehe Fußnote 10 auf S. 38). Sie müssen auch nicht zwangsläufig aufgegeben werden, wenn die Umsetzung bestimmter Eigenaufträge scheitert. Wie die folgende Abbildung zeigt, kann auch die Umsetzung anderer Eigenaufträge über verschiedene Zwischenziele zum obersten Ziel im Leben führen (die Stränge A und B).

Was für jemanden das oberste Ziel ist, das zu erreichen für sie oder ihn mit einem sinnerfüllten Leben und mit Glück verbunden ist, kann erfragt werden. Und es ist oft hilfreich, sich nicht nur auf einen Weg festgelegt zu haben, der dort hinführt.

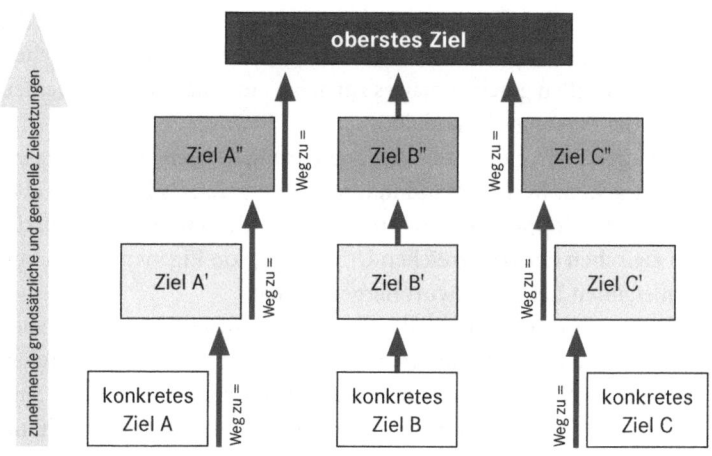

Abbildung 24: Wege zum obersten Ziel

Die Abbildung zeigt, wie eine solche innere »Konstruktion« aufgebaut sein kann. Das Ganze sieht wie eine Pyramide aus. Das oberste Ziel ist das, was die Person für sich als solches definiert bzw. festlegt, und das kann ganz unterschiedlich aussehen.

Wenn nun die Erfüllung eines bestimmten Eigenauftrags zum konkreten Ziel C führen soll, bedeutet es für die Person unter Umständen, dass, wenn dies nicht realisiert werden kann, der ganze rechte Strang ins Wanken gerät. Das kann passieren, wenn die aufwärts führenden Schritte von C nach C' in einer Wenn-dann-Logik konstruiert werden oder wurden. Die gleiche Situation kann auch für die Stränge A und B eintreten; das ganze »innere Gebäude« ist bedroht und die Person gerät in eine mehr oder minder massive Krise.

Wenn für die Person ein sinnvolles Leben und/oder ein transzendenter Bezug an oberster Stelle steht, wird verständlich, dass dafür sämtliche Energien mobilisiert werden. Wenn das nicht reicht, sind Resignation, Erschöpfungsdepression oder gar ein Burnout nicht weit.

Je häufiger einem die eigene Arbeit sinnlos erscheint und je weniger Einfluss man auf die äußeren Gegebenheiten hat, desto mehr innere Energie wird aufgewendet und desto wahrscheinlicher ist die skizzierte Entwicklung, die sich in vielen Berufsfeldern häuft. Bei der Eigenauftragsanalyse muss ein*e Berater*in sehr behutsam vorgehen. Denn von außen gesehen mag es zunächst unverständlich erscheinen, wofür die Person sich so plagt.

Es muss nicht gleich um die Veränderung des Lebensentwurfs insgesamt gehen, wenn jemand in Sinnkrisen gerät. Es lohnt sich aber allemal, die Koppelungen zu untersuchen, die man meist unwillkürlich zwischen der erfolgreichen Umsetzung von Eigenaufträgen und dem eigenen Lebensentwurf hergestellt hat.

Wenn man zum Beispiel die Frage der Wirksamkeit in der Arbeit mit der Idee koppelt, dass man nur dann vor sich selbst bestehen kann (Identität), oder nur dann das eigene Arbeitsleben einen Sinn hat, wenn es einem gelingt, bestimmte Eigenaufträge erfolgreich umzusetzen, wird man von diesen Verknüpfungen abhängig und verliert ein Stück Souveränität über sich selbst. Man ist sozusagen nicht mehr »Frau« bzw. »Herr« im eigenen Haus. Hier kann eine Aufstellung von Eigenaufträgen hilfreich sein (vgl. Kapitel 6.5).

Abbildung 25 zeigt, wie einzelne Schritte (chunks, das sind die grauen Pfeile) allgemein und als Beispiel in der persönlichen Zielehierarchie aufgebaut sein können. Ausgangspunkte sind meistens ganz konkrete Eigenaufträge, die – so die Vorstellung der Betroffenen – zum obersten Ziel, das sich jemand vorstellt, führt. Das Erreichen jedes Zwischenziels ist zugleich der Weg zum nächsthöheren Ziel. So bauen die Eigenaufträge aufeinander auf. Ich nenne es das Ziel hinter dem Ziel. Auf dem Umschlagbild dieses Buchs ist das symbolisch durch die Spiegel dargestellt.

**Konstruieren von Zielen:
das »Ziel hinter dem Ziel«**

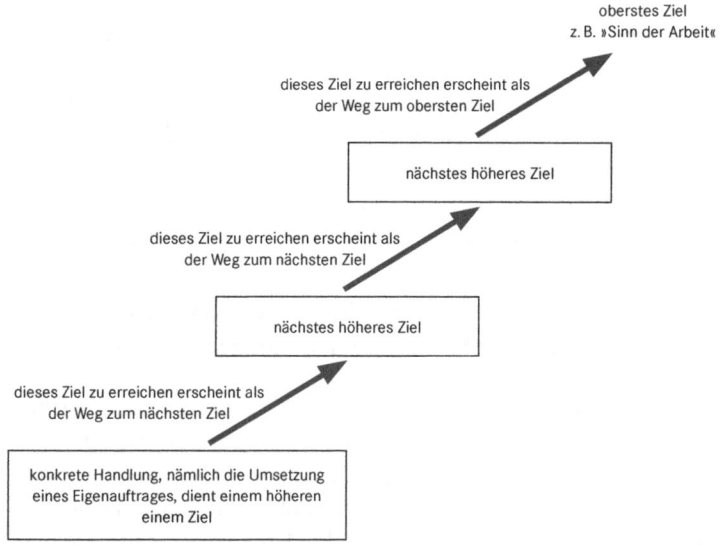

Abbildung 25: Das Ziel hinter dem Ziel

7.2 Mit Wechselwirkungen in Eigenauftragssystemen achtsam umgehen

Wie gezeigt treten unsere Werte, unsere Glaubenssätze und auch unsere Fähigkeiten in Wechselwirkung mit zentralen Themen unseres Lebens. Das Gelingen oder Misslingen von Eigenaufträgen kann die inneren Fundamente eines Menschen erschüttern. Dies führt meistens dazu, dass man die eigenen Anstrengungen verstärkt, diese Eigenaufträge zu erfüllen – oft ohne Erfolg. Frustrationen, Enttäuschungen und Erschöpfung sind mögliche Folgen.

Auch wenn – von außen betrachtet – manche Eigenaufträge nicht umsetzbar sind oder sich widersprechen, können sie mit wichtigen Lebensthemen verbunden sein. Das zeigt sich daran, dass es schwerfällt, diese Eigenaufträge aufzugeben, obwohl in der Analyse deutlich geworden ist, dass sie objektiv gar nicht umsetzbar sind. Die Person steckt in einer Zwickmühle. Wenn also dieser Fall auftritt, kann man fast sicher sein, dass eigene grundsätzliche Themen tangiert werden.

Wie bestimmte Eigenaufträge mit den obersten logischen Ebenen im Modell von Dilts in Verbindung stehen, wurde bereits skizziert. Ihnen kann man mit der Fragetechnik des »Chunking up« und »Chunking down« auf die Spur kommen (Dilts, 2006; s. Anhang S. 159 ff.), die auch in Eigenregie anwendbar ist, wie der Schluss dieser Erkundungsreise zeigt. Ihre Anwendung erfordert etwas Übung, sie ist aber sehr ergiebig und macht innere Verknüpfungen bewusst.

7.3 Wie Eigenaufträge und die Verwirklichung des eigenen Lebensentwurfs zusammenhängen

Hier werden die Gedanken aus Kapitel 2.8 noch einmal aufgegriffen. Ob es nun um die eigene Arbeit geht oder auch Dinge im privaten Leben, die man tun will – das eigene Handeln ist immer auch eine Form, sich nach außen zu zeigen. Damit ist die Frage danach verbunden, wer ich sein will. Wie möchte ich von den Mitmenschen, insbesondere den Kolleg*innen gesehen werden? Wenn es einem gelingt, so wahrgenommen zu werden, wie man es möchte, erlebt und handelt man authentisch. »Sei echt! Verstell dich nicht!« sind dazu passende Forderungen, die man an sich selbst richtet. Wenn einem das nicht gelingt oder verunmöglicht wird, führt das zu Unzufriedenheit. Kritisch sind so beispielsweise Situationen, in denen man sich über Klient*innen ärgert, zugleich aber zweifelt, ob es professionell und hilfreich ist, seinen Ärger zu zeigen: Die Tragfähigkeit der Beziehung in der Betreuung oder Beratung könnte gefährdet werden.

Es entsteht also ein Zielkonflikt: Soll ich ehrlich und in diesem Sinne authentisch sein, zu meinem Ärger stehen, oder soll ich ihn zurückhalten? Und was, wenn die Klientin das spürt? Man kann sich selbst auch die Frage stellen, ob es überhaupt um das eigene Bedürfnis gehen sollte, als »echt« erlebt zu werden? Wer braucht das: die Klient*innen oder nur man selbst? Dieser selbstproduzierte Zielkonflikt erzeugt Stress und verhindert, mit sich selbst im Frieden zu sein. Die Lösung wäre, am Aufbau einer tragfähigen Beziehung zu arbeiten und diese Problematik gegenüber den Klient*innen offenzulegen: »Ich bin in Sorge, dass Sie mich als unehrlich erleben, weil ich Ihnen nicht offen sage, dass ich mich ärgere. Das spüren Sie vielleicht auch. Ich denke, dass Ihnen mein Ärger auch nicht weiterhilft. Ist das so in Ordnung für Sie?«[24]

Wenn einem nicht bewusst wird, wie eng Eigenaufträge mit der Verwirklichung eigener Lebensentwürfe und Sinngebungen verknüpft hat, kann das zu einer Krise führen. Wir entwerfen schon relativ früh Bilder von unserem Leben, die je nach Lebensbereich auch unterschiedlich aussehen können. Vorbilder anderer Menschen (der Kolleg*innen, der Freund*innen und nicht zuletzt der Verwandten) spielen auch oft eine Rolle bei deren Entwicklung. Die Frage »Wie will ich leben?« wird mit Vorstellungen beantwortet, die beschreiben, wie man sich fühlt oder wie es einem gehen wird, wenn man am Ziel ankommt, wohin es einen gewissermaßen zieht. Die Erledigung von Eigenaufträgen kann das »Instrument«, der Weg werden, um seine Lebensentwürfe zu verwirklichen.

Eine heute verbreitete Idee ist beispielsweise die Verwirklichung einer sogenannten Work-Life-Balance. Kritisch ist bei diesem Konzept anzumerken, dass zwischen »Work« und »Life« eine Unterscheidung markiert wird, obwohl auch die Arbeit ein wesentlicher Teil des Lebens ist (vgl. Schmidt, 2015).

Daher könnte ein »guter« Lebensentwurf auch darin bestehen, eine Balance zwischen den für einen selbst wichtigen Lebensbereichen zu erreichen. Dies und die eigenen Sinngebungen hängen eng zusammen. Ein Verlust von Sinn im Leben ist eine massive Bedrohung für uns selbst. Dementsprechend schlimm wird es, wenn uns der Beruf, zu dem wir uns wortwörtlich berufen fühlen, durch

---

24 Beim Beispiel aus der Sozialpädagogischen Familienhilfe in der ersten Erkundungsreise (siehe S. 18 ff.) war die Frage von Karl an die Mutter hilfreich, ob sie sich an seiner Stelle über die wiederholt abgesagten Termine ärgern würde. Dieser Perspektivenwechsel hat dazu beigetragen, dass die Mutter die Termine nicht mehr abgesagt hat. Insoweit stellte dieses Ergebnis auch einen Kompromiss zur Lösung des inneren Zielkonflikts von Karl dar.
Ich möchte an dieser Stelle anmerken, dass eine solche Ausdrucksweise für manche Klient*innen unpassend sein kann. Mit bildungsbürgerlichem Hochdeutsch kann man unter Umständen nicht andocken. In der Praxis sollte der Sprachstil deswegen an den der Klient*innen angepasst werden. Im Dialekt der Klient*innen zu sprechen, sollte man allerdings nur versuchen, wenn man ihn beherrscht.

eine widersprüchliche Eigenauftragslage so erschwert wird, dass wir ihn nicht vorstellungsgemäß ausüben können.

Die Verwirklichung von Sinn steht im Konzept der logischen Ebenen an oberster Stelle. Für manche Menschen gibt es darüber noch einen transzendenten Bezug, zu dem die eigene Weltanschauung bzw. der Glaube gehören kann. Es ist mir bisher nicht begegnet, dass jemand durch eine schwierige Eigenauftragslage auf dieser transzendenten Ebene erschüttert wurde. Das ist möglicherweise Zufall, denn solche Konstellationen sind durchaus vorstellbar.[25]

Der Sinn (des Lebens) erscheint häufig als etwas, das im »Außen«, in den Lebensverhältnissen gesucht und gefunden werden muss und uns dementsprechend auch durch die äußeren Verhältnisse oder Bedingungen verwehrt werden kann (vgl. Lukas, 2021). Der Begriff der Sinngebung soll zum Ausdruck bringen, dass wir es sind, die dem Leben einen Sinn verleihen. Wilhelm Schmid (2007) nennt das den Zusammenhang, den wir zwischen unserem Leben und unseren Zielen herstellen können.

Sinn wird also innerlich erlebt oder empfunden, aber meistens im Außen gesucht. Hier sei auf die Geschichte von Mulla Nasrudin am Anfang des Buches verweisen: Draußen unter einer Laterne ist es heller. Die Tür zum Inneren des Hauses liegt im Dunklen, so wie unser Inneres auch. Mit einem passenden Schlüssel allerdings kann die Tür geöffnet werden (dazu ist die Fragetechnik des Chunking up und Chunking down dienlich).

Sinn, so scheint es, findet man in den Lebensumständen, so auch in der Arbeit. Die Umsetzung entsprechender Eigenaufträge führt also über verschiedene Zwischenschritte schließlich zur Sinnfindung. Wenn die nötigen Zwischenschritte nicht gelingen, erlebt man den Verlust von Sinn als Unglück, es sei denn, man findet andere Wege, die ebenfalls sinnstiftend sind. Die eigene Sinnkonstruktion bleibt jedoch dieselbe.

Im Alltag macht man die Erfahrung, hofft darauf oder stellt es sich so vor, dass die Umsetzung eines Eigenauftrags als Weg zu einem darüberliegenden Ziel führt (in Abbildung 24 z. B. mit C' abgekürzt).

---

25 Die Missbrauchsfälle beispielsweise in der katholischen Kirche und deren Umgang damit erschüttern gegenwärtig viele Gläubige fundamental.

Manche Menschen sind zufrieden, wenn sie ein solches konkretes Ziel in ihrem Lebensalltag erreicht haben. Entferntere Ziele nehmen sie sich gar nicht vor. Sie haben es dadurch oft leichter, weil sie sich eventuell sagen können: »Mehr hat halt nicht geklappt und das wollte ich auch gar nicht.« Sie sind im Großen und Ganzen mit ihrer Lebensführung zufrieden. Für andere Menschen gilt das wiederum nicht …

Bei der Untersuchung von Eigenaufträgen begegnet uns dieser Zusammenhang selten direkt; er spielt jedoch eine große Rolle und spielt oft in die berufliche Praxis hinein. Es lohnt sich, danach zu fragen.

Den Weg bis hin zum obersten Ziel, der Erfüllung des Lebensentwurfs und des Erlangens von Sinn im Leben konstruieren Menschen häufig als eine Art Einbahnstraße: Nur dieser *eine* Weg scheint wie gesagt zu einem sinnerfüllten Leben zu führen. Wenn der Weg beispielsweise durch die Lebensziele anderer Systemmitglieder (Familie, Partner*in) bedroht erscheint, kann das fatale Folgen haben. Dazu ein Beispiel aus meiner Beratungspraxis.

Uncool oder unverantwortlich? Der Streit ums abendliche Nachhausekommen

In einer Familie streiten sich die Eltern und die 14-jährige Tochter darüber, wann sie unter der Woche (während der Schulzeit) zu Hause sein soll. Die Eltern halten 21 Uhr für die spätestmögliche Uhrzeit. Die Tochter hingegen findet, dass Mitternacht in Ordnung wäre. 21 Uhr geht für sie gar nicht, das sei total uncool. Wie stünde sie vor ihren Freundinnen da, die »*alle* erst später nach Hause kommen müssen«?

Es geht ihr um Autonomie und Freiheit, dazu gehört für sie auch das bei den Freundinnen geltende Image ihrer selbst. Die Eltern hingegen sind wegen des Schulerfolgs in Sorge, sehen sich in der Verantwortung, »gute Eltern« zu sein. Das bedeutet für sie, dafür zu sorgen, dass ihre Tochter einen »geraden Weg« geht. Sie sehen das als ihre Aufgabe und folgen dem weit verbreiteten Glaubenssatz, dass »gute« Eltern das hinbekommen. Wenn sie es nicht schaffen, haben sie folglich versagt und sehen sich in der Erfüllung ihres Lebensentwurfs (»gute Eltern zu sein«) und ihrer damit verbundenen Sinngebung bedroht.

Beiden Parteien geht es um fundamentale Werte und Bedürfnisse, es scheinen keine Kompromisse möglich zu sein. Irgendwelche Zugeständnisse zu geben, bedeutet für beide Seiten schon die totale Niederlage.

Die Eltern können sich nicht vorstellen, in welcher inneren Notlage ihre Tochter ist, und umgekehrt, da beide Seiten sich gegenseitig abwerten (»Meine Eltern blicken es ja gar nicht!« vs. »Unsere Tochter ist frech und sieht nicht ein, wie wichtig ein guter Schulabschluss für ihr späteres Leben wird!« usw.). Der Streit eskaliert, die Fronten verhärten sich immer mehr. Beide kämpfen für das, worum es in der Tiefe geht. Würde die Tochter den Schulabschluss nicht schaffen, haben die Eltern in ihrer Rolle als Eltern versagt – so bewerten sie das. Für die Tochter geht es um Freiheit und um das Image bei ihren Freundinnen und Freunden. Dieser Kampf gefährdet die für beide im Grunde wichtige Beziehung. Der Zielkonflikt erscheint kaum lösbar.

Eine Lösung gibt es, wenn Eltern und Tochter hören, was für sie jeweils auf dem Spiel steht. So war es auch hier: Eltern und Tochter einigten sich schließlich auf 23 Uhr. Da die Eltern auch noch die Sorge äußerten, ob ihrer Tochter zu so später Stunde etwas zustoßen könnte – denn das würden sie sich auch nicht verzeihen –, einigten sie sich darauf, dass die Tochter stündlich eine Nachricht schickt, dass alles okay ist. Wenn die Tochter von den anderen verspottet würde, dass sie »so früh« heimmüsse, kann sie sagen, dass sie sich mit ihren Eltern darauf geeinigt hätte und es seitdem keinen Zoff mehr gäbe.

Wenn Widersprüche zwischen zwei Eigenaufträgen in einem selbst entstehen, deren Erfüllung gleich wichtig erscheint, entsteht ein energieraubender innerer Konflikt. Wenn es sich um Entscheidungen handelt, für die von außen Fristen gesetzt werden, verstärken sich das Dilemma und der Stress, wie das folgende Beispiel aus der Jugendhilfe aus einer meiner Supervisionen zeigt:

Schlechter Umgang
Die Eltern »behüten« ihren achtjährigen Sohn und lassen ihn kaum außer Haus, um ihm zu ermöglichen, mit anderen Kindern zu spielen. Er könne einen »schlechten Umgang« haben, ist die Be-

gründung. Der Junge agiert in der Schule sehr zurückgezogen, ist sehr still und wird deswegen gehänselt. Er ist inzwischen in eine Außenseiterrolle geraten.

Elterngespräche in der Schule werden immer wieder abgesagt. Deshalb schaltete die Schule das Jugendamt ein. Widerstrebend willigten die Eltern ein, sodass eine Erziehungsbeistandschaft (EB) eingerichtet wurde.

Thomas, der für die EB zuständige Betreuer, gerät immer wieder in das Dilemma, die Eltern mit ihrem einschränkenden Verhalten dem Sohn gegenüber zu konfrontieren und der im Hilfeplan vereinbarten Verabredung, dem Sohn mehr Freiheit und Entwicklungsmöglichkeiten zu geben.

Die Eltern unterlaufen alle Verabredungen mit Thomas, drohen aber auch bei jeder kritischen Anmerkung damit, die Maßnahme abzubrechen. Er kämpft mit sich widersprechenden Eigenaufträgen: »Fordere die Eltern zur Einhaltung der Verabredungen auf, damit ihr der Sohn sich nachmittags mit Kamerad*innen treffen und spielen kann!« und: »Vermeide, dass die Eltern die Maßnahme abbrechen, denn dann ist dem Jungen auch nicht geholfen!«

Thomas gerät auf der Ebene, sich authentisch (echt) zu verhalten und dementsprechend seine Kritik auszusprechen, und der Ebene, fachlich in sinnvoller Weise dazu beizutragen, dass der Junge gefördert wird, in innere Konflikte. Er beschreibt die Situation als schwierigen Balanceakt, denn es geht um zwei ihm ähnlich wichtige grundsätzliche Ziele: Sich »echt« mit dem Risiko zu zeigen, dass die Eltern die Maßnahme abbrechen, *und* »sinnvoll« zu arbeiten, um dem Jungen eine Chance zu eröffnen, sich mehr mit gleichaltrigen Kindern zu treffen und aus seiner Außenseiterrolle herauszukommen.

Bei der Reflexion des inneren Zielkonflikts wird Thomas deutlich, dass es ihm bei dem Eigenauftrag, sich »echt« zu zeigen, mehr darum geht, im inneren Einklang mit sich zu sein, als um den Jungen und seine Entwicklungschancen. Letztlich ist sogar der Sinn dieser Arbeit in Frage gestellt, wenn er authentisch sein will.

Er entscheidet sich, den Ärger beiseite zu lassen und mit den Eltern »freundlich« und geduldig in kleinen Schritten zu arbeiten, die ihrem Sohn Kontaktmöglichkeiten zu anderen Kindern erlauben. In Gesprächen überprüft er mit den Eltern immer wieder, inwiefern ihre Befürchtungen eingetroffen sind. Es sind also eine Art kleine Experimente, auf die sie sich im Verlauf einigen können.

Es kostet ihn allerdings viel Kraft, den Eltern gegenüber quasi unehrlich zu sein und *nicht* klar seine Meinung zu äußern. Er befürchtet auch, dass die Eltern merken, wenn er seinen Ärger verbirgt. Thomas' Kollegin im Jugendamt befindet sich auch in einer Zwickmühle. Wenn die Maßnahme scheitert, bleibt nur noch ein Verfahren wegen Kindeswohlgefährdung mit allen Komplikationen, die dann entstehen.

Wie weit oben für jemanden der Wert, authentisch zu sein und anderen nichts vorzuspielen, in der persönlichen Zielehierarchie steht, ist gänzlich subjektiv. Es geht in diesem Fall darum, sinnvolle Arbeit zu erbringen und deshalb eine »gute Miene« aufsetzen zu müssen.

Die Eigenauftragsanalyse macht den Konflikt sichtbar, die Lösung kann darin bestehen, sich in einem solchen Fall von der Generalisierung des Eigenauftrags, immer »echt« zu bleiben, zu lösen und sich von »Fall zu Fall« zu entscheiden: »*In diesem Fall* verzichte ich darauf, ehrlich bzw. echt zu sein, und nehme in Kauf, dass die Eltern das vielleicht merken. Hauptsache ist, dass sie bei den ›Experimenten‹ mitmachen!« Dies wäre der neue Eigenauftrag. Später habe ich übrigens erfahren, dass die Erziehungsberatung fortgesetzt wurde.

Nun folgt noch ein letztes Beispiel für einen Zielkonflikt und eine hierzu durchgeführte Eigenauftragsanalyse.

Auf die letzte Minute

Ida arbeitet in einem Integrationsfachdienst. Sie berichtet von einer typischen, immer wiederkehrenden Situation: »Ein Klient kommt noch in letzter Minute, also kurz vor meinem Dienstschluss mit einem wichtigen Anliegen (z. B. eine drohende Lohnpfändung). Ich bin auch noch nicht mit den Arbeiten für andere Klienten fertig, die noch anliegen. So geht es oft. Dadurch komme ich fast nie pünktlich nach Hause, gerade auch am Wochenende. Ich stecke in dem Dilemma, entweder für die Klienten zu sorgen und ihnen wirklich zu helfen oder für mich zu sorgen, indem ich einigermaßen pünktlich Schluss mache. Meiner Partnerschaft würde das auch gut tun.«

1. *»Mit welchen Empfindungen oder Gefühlen hast du in dieser Situation XY zu tun?«*
   Ida: »Stress, Überforderung, ich fühle mich gehetzt, denke aber auch: Ich habe Möglichkeiten zu helfen, kann hier wirklich was für die Leute tun! Das fühlt sich gut an.«
   Idas Antworten auf die nächsten Fragen werden gleich in einen Eigenauftrag übersetzt:
2. *»Wonach ist dir in der Situation XY gefühlsmäßig zumute, was würdest du am liebsten tun?«*
   EA1: »Löse das Problem des Klienten sofort! Mach alles, was jetzt noch möglich ist, verschiebe die Angelegenheit nicht!«
   EA2: »Du hast demnächst Dienstschluss, geh einigermaßen pünktlich heim!«
3. *»Was davon machst du aber dann doch nicht?«*
   EA3: »Geh erst heim, wenn die Klienten versorgt sind!«

Die folgenden Fragen wurden nacheinander im Verlaufe des Gesprächs gestellt, in dem Ida auch etliche Einzelsituationen schilderte.

4. *»Welche eigene persönliche Haltung zur Situation XY vertrittst du? Was solltest du aus deiner Sicht in der Situation XY tun, um dir selber und deiner Haltung und deinen Werten treu zu sein?«*
5. *»Welche Aufträge, die in der Situation von außen kommen, hast du übernommen und denkst, sie erfüllen zu müssen?«*
6. *»Wovon bist du überzeugt, wie du die Arbeit in der Situation zu erledigen hast, wofür du verantwortlich bist (dies entspricht der professionellen Sicht)?«*
   Diese Fragen führten zu folgenden Eigenaufträgen:
   EA4: »Kümmere dich (gleich noch) um die Anliegen der Klienten, es sind schwierige Lagen, von denen auch die ganze Familie betroffen ist! Es ist deine Pflicht, etwas zu tun!«
   EA5: »Nimm das Anliegen des Klienten ernst und beachte die große Bedeutung für den Klienten!«
   EA6: »Mach alles, was dir möglich ist!«
7. *»Welches Bedürfnis regt sich in dir in der Situation? (z. B. nach Sicherheit, nach Anerkennung, nach Zufriedenheit, nach Ruhe, nach Wirksamkeit, …)«*
   EA7: »Handle in der Situation möglichst wirksam!«

8. *Welche Befürchtungen hegst du im Zusammenhang mit der Situation XY, je nachdem, was du tust oder auch nicht tust? Welche Befürchtungen hast du für dich?*
EA8: »Sei dir sicher, dass du dir keine Vorwürfe machen musst, etwas versäumt zu haben!«
9. *»Welche Befürchtungen hegst du für andere?«*
EA9: »Vermeide schwere Folgen für die Klienten und ihre Familien! Die Befürchtung ist, dass sie in Not geraten, wenn du nicht (gleich) handelst, zum Beispiel, dass die Familie über das Wochenende nicht genügend Geld hat; oder dass eine Frist verpasst wird und die Aufenthaltsgenehmigung gefährdet ist!«
10. *»Wie könntest, solltest oder müsstest du dich in der Situation verhalten, damit für dich der Sinn deiner Arbeit erfüllt ist?«*
EA10: »Kümmere dich um die Klienten weiterhin wie bisher, denn das ist eine sinnvolle Arbeit, du kannst etwas Sinnvolles tun!«
11. *»Welche Bedeutung hat die Situation und wie du sie handhabst für deine Lebensführung?«*
EA11: »Sorge für eine bessere Work-Life-Balance! Das private Leben kommt bisher viel zu kurz, du hast nur am Wochenende mal zwei Tage Zeit für dich; viele private Dingen bleiben dadurch lange liegen. Es geht nicht voran; ein innerer Ausgleich fehlt, weil die Hobbys zu kurz kommen. Kümmere dich auch mehr um deine Partnerschaft!«

Ida erwähnt, dass ihr Partner ähnlich handelt. Insofern haben sie ein Agreement, was ihr partnerschaftliches Zusammenleben entlastet.

Idas innerer Konflikt entsteht aufgrund der von ihr als wichtig angesehenen Möglichkeit, *sinnvolle* Arbeit zu machen, und des Ziels, eine ausgeglichene Work-Life-Balance zu erreichen. Denn das ist für sie Ausdruck einer gelingenden Lebensführung.

Im Alltag schließen sich für Ida die Wege zu diesen Zielen aus und sie steht immer wieder vor diesem Zwiespalt. Es geht also letztlich darum, Möglichkeiten zu finden, damit sich diese Ziele und die Wege dorthin nicht mehr gegenseitig widersprechen bzw. ausschließen.

Mit dem Konzept der Darstellung »Ziel hinter dem Ziel« stellt sich Idas Situation wie folgt dar:

Entstehung eines Zielkonflikts (Ida)

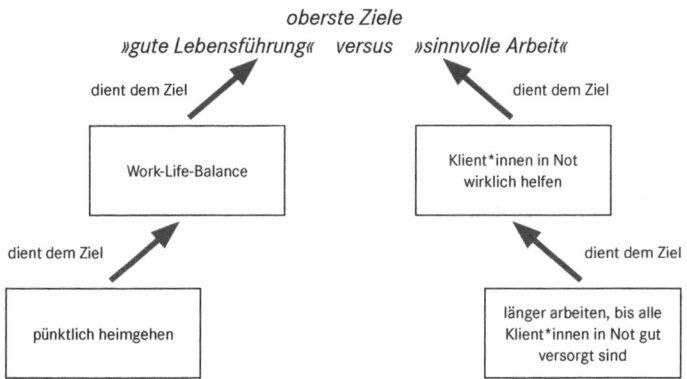

Abbildung 26: Idas Zielkonflikt

Beide Ziele (sinnvolle Arbeit leisten zu können und das Leben in einer ausgeglichenen Work-Life-Balance zu gestalten) stehen für Ida bezüglich der logischen Ebenen auf einem ähnlich hohen Rang, sie möchte weder auf das eine noch das andere Ziel bzw. darauf, was ihre Vorstellung davon ist, verzichten.

Beim zweiten Beratungstermin wurde die gemeinsame Arbeit mit den folgenden Fragen fortgesetzt:

12. *»Liegen zu viele Eigenaufträge vor, ist das überhaupt leistbar?«*
 Ida verneinte dies. Es bedurfte auch keiner Skalierung, denn die beiden Aufträge EA1 und EA2 umzusetzen war Ida gleichermaßen wichtig.

13. *»Welche Eigenaufträge widersprechen sich, sind nicht gleichzeitig erfüllbar?«*
 Ida war klar, dass sie einen Kompromiss finden musste, um aus der schwer erträglichen inneren Spannung herauszufinden. Verschärfend kam ja dazu, dass ihre Partnerschaft litt, obwohl ihr Freund ähnlich handelte und daher viel Verständnis für Idas Situation zeigte.

> Sie fand zu einer Kompromisslösung: Sie blieb nur an jedem zweiten Arbeitstag länger im Dienst. Sie erstellte außerdem für sich auch ein Ranking, wie »existenziell« die Probleme sind, mit denen Klienten »kurz vor knapp« kommen.
> Im letzten Schritt erfolgte dann die Ergebnisbetrachtung.
> 14. *»Wie fühlt sich das Ergebnis für dich an?«*
> Ida fühlt sich erleichtert.
> 15. *»Wie könntest du dich unterstützen, um dich an diese Erleichterung zu erinnern, wenn du wieder in so einer Situation bist?«*
> Ida kommt gerade keine Idee. Ich als Interviewer frage sie, ob sie eine Idee von mir hören will. Sie bejaht das. Daraufhin mache ich ihr den Vorschlag, auf ihren Schreibtisch ein Foto von jemandem zu stellen, der mit einem Balancierstab auf einem Balken geht, der nur niedrig über dem Boden steht. Das wäre für sie eine Erinnerungshilfe daran, dass es nicht gleich gefährlich wird, wenn sie mal sie das Gleichgewicht verliert.

Wie schon erwähnt, neigen Menschen dazu, ihre Zielehierarchie so zu entwickeln, als ob nur *ein* Weg zum obersten (und damit wichtigsten) Ziel führt. Abbildung 26 zeigt ein Beispiel für eine Konstruktion von Eigenaufträgen, deren Umsetzung schließlich in Sinngebungen für verschiedene Lebensbereiche mündet. Wie die Zwischenziele in anderen Fällen (und für jemand anderen) lauten und wie viele es sind, hängt von der konkreten Thematik ab, um die es geht. Oft sind es nicht mehr als zwei Stufen bzw. »chunks«.

Die Erfüllung eines Eigenauftrags dient also letztlich dazu, ein Ziel zu erreichen. Zufriedenheit kann sich auch einstellen, wenn die erfolgreiche Beschreibung des Wegs nicht auf eigenen Erfahrungen beruht. Es genügt oft schon, sich *vorzustellen,* wie es sich anfühlen und einem gehen wird, am obersten Ziel angekommen zu sein.

Wenn das konkrete Ziel A über den entsprechenden Eigenauftrag jedoch nicht erreicht werden kann und die Verwirklichung des obersten Ziels in Gefahr scheint, müssen andere realisierbare Wege zu A' bzw. A" gefunden werden (Abbildung 27). Und diese anderen Wege gibt es praktisch immer. Dazu müssen jedoch A' und A" bekannt sein. Chunking down ist hier wiederum das Mittel der Wahl.

Unerreichbares Ziel – unglückliches Leben?

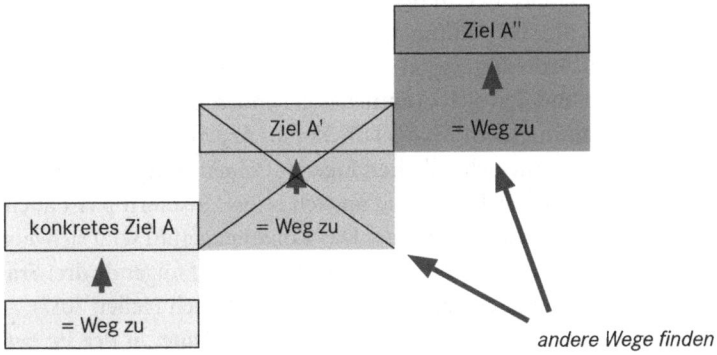

Abbildung 27: Andere Wege zum Ziel finden

Es braucht oft Zeit, um andere Wege zu finden und abzuwägen, mit welchen »Kosten« sie verbunden sind. Insofern ist Geduld eine wichtige Ressource, deren Einsatz sich lohnt. Wer nämlich seine Eigenaufträge so konstruiert und verinnerlicht, dass sie oder er (zunächst) keine Alternative sieht, zu einer guten und sinnvollen Lebensführung zu gelangen, kann an dieser Haltung erkranken. Krank zu werden, könnte als eine körperliche bzw. seelische Notbremse verstanden werden, die allerdings mit einem hohem Preis und einer Verlusterfahrung verbunden ist. Es kann der sprichwörtliche Schuss vor den Bug sein, von dem oft berichtet wird, eine Aufforderung zur Umkehr bezüglich bestimmter Haltungen und eingeschlagener Wege. Soweit muss es nicht kommen, die Analyse von Eigenaufträgen kann ein wichtiger Beitrag zur seelisch-körperlichen Gesundheit sein.

7.4 Gesund bleiben – auch ein Eigenauftrag

Eine wichtige Komponente ist für unsere Gesundheit ist das Kohärenzgefühl, dass durch Eigenaufträge gefördert, aber auch beeinträchtigt werden kann. Wesentliche und einflussreiche Konzepte, in denen Kohärenz näher beschrieben wird, sind zum Beispiel das der Salutogenese und der Resilienz (Servan-Schreiber, 2006, S. 69 ff.; Antonovsky, 1997)

Anlass und Ausgangspunkt einer Eigenauftragsanalyse sind häufig auftretende Situationen in der (psychosozialen) Arbeit, die mit Belastung und Missempfindungen verbunden sind und die nicht nur von den Arbeitsbedingungen abhängen. Die Aktivierung der inneren Systeme und den sich eventuell ergebenden inneren Konflikten schlagen sich in einem Mangel an Kohärenzgefühl nieder. Dieser Mangel tritt in unterschiedlichen Eigenaufträgen zutage und tragen den Charakter einer Forderung an sich selbst. Insofern passt auch der Begriff der Herausforderung. Das Kohärenzgefühl setzt sich aus drei Komponenten zusammen, die Antworten auf folgende drei Fragen sind diesbezüglich aufschlussreich (zitiert nach Heller, 2017):

Ist die Herausforderung in dem Zusammenhang, in der sie entsteht, verstehbar? Das kann prinzipiell bejaht werden, da die Eigenaufträge in den inneren Systemen entstehen. Dieser Prozess ist der Eigenreflexion durch bestimmte Fragen zugänglich.

Ist die Herausforderung handhabbar? Das ist nicht immer erfüllt, weil in der Arbeit mit Menschen die Merkmale lebender Systeme wirksam werden. Wenn das bei den Eigenaufträgen nicht beachtet wird, ist ein Scheitern wahrscheinlich. Eine große Rolle spielt der »Eigen-*Sinn*« der beteiligten Personen. Wird dieser Eigensinn nicht anerkannt oder als nichtexistent ausgeblendet, sind die Eigenaufträge vielleicht trotzdem zum Beispiel durch Machtmittel umsetzbar, aber unter systemischen Gesichtspunkten weder zweckmäßig noch hilfreich. Unter ethischen Gesichtspunkten sind sie zudem sowieso fragwürdig. In Kontexten mangelnder Freiwilligkeit hat man als Fachkraft oft damit zu tun.

Ist die Herausforderung sinnhaft? Das ist ebenfalls oft unklar. Wenn sich aus den äußeren Umständen und bestimmten Eigenaufträgen ein Zielkonflikt ergibt, kann daraus, wie wir sahen, eine Sinnkrise entstehen. Sie entsteht aber auch dann, wenn sich zwei oder mehrere Eigenaufträge widersprechen, deren Umsetzung sich auf der gleichen logischen Ebene bewegt. Es ergibt sich ein kraftraubendes und unlösbar erscheinendes Dilemma. Auch hier taucht wieder die Frage nach dem Sinn der Aktivität bzw. der Arbeit auf, von der schon die Rede war.

7.5 Exkurs: Polynesisches Segeln

An dieser Stelle möchte ich noch zu einem kleinen Abstecher[26] einladen. Das Prinzip des polynesischen Segelns ist es, auch *bei ungewissem Ausgang Kurs zu halten*. Für die Polynesier war dieses Prinzip überlebenswichtig: Wenn die Insel, die sie bevölkert hatten, nicht mehr genügend Platz und Nahrungsmittel für alle hergab, haben sich Teile der Bewohner*innen mit selbst gebauten Schiffen auf den Weg gemacht und dabei vor allem den Horizont nach allen Seiten hin beobachtet; und wenn sie Umrisse von Land zu erblicken glaubten, wechselten sie den Kurs und segelten dorthin. Der Stand der Sonne, der Sterne und des Mondes, das Lesen der Wellen waren dabei ihre Navigationshilfen. Ohne ein Prinzip ging es aber gar nicht: die Zuversicht und das Vertrauen in die eigenen Kräfte und Fähigkeiten. Wie viele Schiffe dennoch nie eine Insel erreichten, ist nicht bekannt. Aber für diesen Fall hatten die Polynesier wahrscheinlich auch Erklärungen …

So dramatisch ist der Umgang mit Eigenaufträgen natürlich meistens nicht, zumal es höchst selten um das physische Überleben geht. Wenn jedoch für uns die Suche nach Sinn, Glück und danach, die eigene Identität zu finden und zu erhalten, wichtig ist und mit der Umsetzung von Eigenaufträgen verbunden wird, sollten wir an die Vielzahl von »Inseln« denken, die im systemischen Arbeiten existieren, und auch an die Beweglichkeit und Ressourcen – unsere und die der Klient*innen.

Im übertragenen Sinn finden sich die Inseln auch in uns selbst: Es sind sie verschiedenen inneren Netzwerke, auf deren Gestaltung wir Einfluss haben, wenn wir ihrer bewusst werden. Insofern ist der Umgang mit Eigenaufträgen auch eine Form von Lebenskunst.[27]

Wenn es beispielsweise nicht gelingt, gemäß eigener Normen oder Vorstellungen etwas zu verändern, dann könnte ein Kurswechsel bedeuten, sich mit den eigenen Glaubenssätzen zu befassen. Es ist

---

26 Vortrag von Gunther Schmidt auf der wissenschaftlichen Jahrestagung der DGSF 2018 in Oldenburg.
27 Wilhelm Schmid (2007a, 2007b) hat sich der Frage der Lebenskunst in vielen seiner Werke gewidmet. Zahlreiche Anregungen für diese letzte Erkundungsreise verdanke ich ihm.

schwer vorherzusagen, ob und wann andere Menschen hinsichtlich ihrer Werte etwas verändern. Folglich ist es auch kein Zeichen von Erfolg oder Misserfolg, wenn einem das gelingt oder auch nicht. An dieser Stelle könnte im Sinne des polynesischen Segelns auch abgebogen werden, um die Insel der eigenen Bedürfnisse zu erforschen, ob da nicht eine Lösung für die Situation gefunden werden kann: Hängt die eigene Zufriedenheit wirklich daran, bei Klient*innen eine Veränderung zu erreichen? Oder reicht es auch, mit ihnen in einem guten Kontakt zu sein, zu erreichen, dass sie sich verstanden fühlen? Letztlich geht es also auch darum zu überprüfen, welches Gewicht man einzelnen Vorstellungen gibt, und zu überdenken, ob dadurch die eigenen obersten Ziele, zum Beispiel Sinn, Identität oder Zufriedenheit in der Arbeit, tatsächlich infrage gestellt werden. Der tschechische Schriftsteller und Politiker Václav Havel hat es so ausgedrückt, dass »Hoffnung […] nicht die Überzeugung [ist], dass etwas gut ausgeht, sondern die Gewissheit, dass etwas Sinn hat – ohne Rücksicht darauf, wie es ausgeht« (Havel u. Hvížďala, 1987, S. 220).

Stellen sich Verstehbarkeit, Handhabbarkeit und Sinnhaftigkeit einmal nicht ein, kann dieser Mangel an Kohärenzgefühl in vielen Fällen mit leicht erlernbaren Übungen gelindert werden, die eine Eigenauftragsanalyse ergänzen können. Dazu zählen verschiedene die Möglichkeiten des Bodyscan, neurologische Übungen zur Stressreduktion, bestimmte Formen der Meditation oder des Yoga (z. B. Yoga Nidra) und Feldenkrais-Übungen, um nur einige Beispiele zu nennen. Es befinden sich gewiss einige darunter, die Ihnen liegen, mit denen Sie zu Ihrer Gesundheit beitragen können. Dazu gehört auch das Lachen.

8 Zum Schluss: Eigenaufträge und Humor

Hier mache ich es mir einfach, denn bekannte Kabarettisten haben schon Beiträge produziert – sicher ohne es für dieses Thema vorgesehen zu haben. Ich empfehle Ihnen, sich die Sketche »Zimmerverwüstung« und »Feierabend« von Loriot zum Thema Eigenaufträge und den »Ententraum« von Karl Valentin zum Thema Wirklichkeiten anzusehen und sich zu amüsieren.

Wenn Sie, liebe Leser*innen, in diesem Buch mit etwas Gewinn gelesen haben, konnte ich meinen Eigenauftrag schon erfüllen. Ich befrage mich jetzt einmal selbst mit der Methode des Chunking up zu meinem Eigenauftrag, auch um ein Beispiel zu geben, dass die Selbstbefragung ganz gut möglich ist. Das »Alter Ego« ist mein Interviewer.

ALTER EGO: »Jetzt hast du Stunden um Stunden an diesem Buch gesessen, wofür eigentlich?«
ICH: »Ich wollte diese Methode publik machen, weil es dazu noch nichts gibt.«
ALTER EGO: »Also für andere! Und wofür ist dir das wichtig?«
ICH: »Wenn ich ehrlich bin, dann habe ich es schon auch für mich gemacht.«
ALTER EGO: »Und was hast du gehofft, was dann sein wird?«
ICH: »Dass ich etwas bekannter werde.«
ALTER EGO: »Und was hast du gehofft, was dann sein wird, wenn du bekannter geworden bist?«
ICH: »Dass ich dann meine mich manchmal überkommenen Selbstwertzweifel überwinden kann!«
ALTER EGO: »Und angenommen, dir würde das noch öfter gelingen? Was wäre dann?«
ICH: »Das ist mir eigentlich schon öfters gelungen. Aber eine Seite in mir meldet sich immer wieder und sagt: ›Das reicht noch nicht!‹«

ALTER EGO: »Bist du süchtig nach Anerkennung?«
ICH: »Das mag ich nicht denken. Aber an der Einsicht komme ich wohl nicht vorbei!«
ALTER EGO: »Angenommen, du könntest mit dieser Seite Freundschaft schließen, wie du es auch deinen Klient*innen immer wieder vorschlägst? Wie wäre das?«
ICH: »Das ist schwer für mich, obwohl ich weiß, dass wir alle das brauchen. Ich denke dann oft, dass ich egoistisch bin.«
ALTER EGO: »Und angenommen, es würde dir gelingen anzuerkennen, dass du das brauchst?«
ICH: »Dann hätte ich mehr Frieden in mir!«
ALTER EGO: »Was hättest du dann erreicht? Was glaubst du?«
ICH: »Dass ich mein Leben noch mehr genießen kann. Das wäre schön. Ich habe mal den Begriff ›er-leben‹ genutzt. Für mich ist es bisher noch schwer, das wirklich zu praktizieren; aber es lohnt sich. Und ich begreife es als Geschenk, dass ich immer wieder erleben darf, dass es anderen Menschen nützt, was ich anbieten konnte kann. Das ist eine Sinnerfüllung für mich! Dafür habe ich auch dieses Buch geschrieben! Es hat Freude gemacht, über das Thema gründlich nachzudenken. Dass ich positive Rückmeldungen bekam, hat mich angespornt. Noch etwas fällt mir ein: Wenn ich produktiv, schöpferisch tätig sein kann, fühle ich mich wohl und kann ein erfülltes Leben führen.«

Soweit das Selbstinterview.

Eine wichtige Folgerung aus allem ist: Sollten Sie sich im Alltag einmal oder auch öfters in Eigenaufträge verstrickt wiederfinden: Nehmen Sie es mit Humor und lassen Sie vor allem Gnade mit sich walten! Sie sind ja nicht allein!

9 Dank

Zu allererst möchte ich mich bei den Menschen bedanken, die mir bei der Erstellung dieses Buches in wunderbarer Weise geholfen haben: Hannelore Zimmermann (www.leibi.de) hat mit ihrer Erfahrung entscheidend beim Lektorat geholfen. Meine Kollegin Alexandra Klopfer hat mir als »Laiin« wichtige Hinweise zu Verständlichkeit gegeben und auf dieser Basis ebenfalls maßgeblich zu diesem Text beigetragen. Ich danke meinem Kollegen Holger Lier für die Mithilfe beim Kapitel zur Anwendung von Aufstellungen bei der Analyse von Eigenaufträgen.

Etliche Kolleg*innen haben Eigenauftragsanalysen mit mir durchgeführt und erlaubt, dass ich diese als Beispiele (natürlich anonymisiert) verwenden darf, vielen Dank dafür.

Bei Sandra Englisch vom Verlag Vandenhoeck & Ruprecht, BRILL Deutschland GmbH, möchte ich mich für die Geduld bedanken, mit der sie mich auch in den Phasen begleitet hat, in denen ich mit einer Erschöpfungsdepression zu kämpfen hatte und insoweit selbst im Buch vorkam. Und ich danke außerdem allen anderen Mitarbeiter*innen im Verlag, die dazu beigetragen haben, dass aus dem Manuskript ein Buch geworden ist.

Und nicht zuletzt danke ich meiner Frau für ihre Geduld: Auszuhalten, wie der Partner bei der Umsetzung eines Eigenauftrags völlig absorbiert ist (im Schwäbischen würde man sagen »oleidig isch«), geht am besten noch dann, wenn es ein absehbares Ende gibt. Vor allem aber habe ich von ihr Zuspruch bekommen, als ich nahe an dem Punkt war, aufzugeben.

Abbildung 28: Mein geglückter Eigenauftrag

10 Anhang: Arbeits- und Zusatzmaterialien

Die beiden Arbeitsblätter zur Eigenauftragsanalyse stehen auch auf der Homepage des Verlags zum Download bereit.

10.1 Arbeitsblatt zur Eigenauftragsanalyse – einfache Version

Stelle dir folgende Fragen oder lass sie dir stellen:
- *Um welche Situation (mit wem) geht es, die dir Unbehagen bereitet, dich stresst?*
- *Was alles erwartest du von dir in dieser Situation?*

Sammle alle Einfälle zu dieser Frage, schreibe sie jeweils im Imperativ als Aufforderung an dich selbst auf ein Blatt.
Analysiere diese Aufträge und kennzeichne sie auf dem Blatt entsprechend:
- *Sind es zu viele? Sind sie umsetzbar? Gibt es Widersprüche?*
- *Welche der obigen Eigenaufträge kannst du abwandeln und wie? Welche kannst du sogar ganz fallen lassen?* (bezogen auf obige Situation, nicht generell!)

Es entsteht eine neue Liste von Eigenaufträgen, schaue sie dir an.
- *Wenn du jetzt die veränderte Liste der Eigenaufträge prüfst: Wie fühlt es sich an? Willst du es so lassen oder ist eine neuerliche Korrektur nötig?*

Verändere eventuell Eigenaufträge nochmals.

10.2 Arbeitsblatt zur Eigenauftragsanalyse – ausführlichere Version

Arbeitsblatt zur Untersuchung von Eigenaufträgen (Selbstanalyse und Interview)

Erstens: Erkunden, um was es geht

Sammle zunächst Stichworte zur Situation (nennen wir sie XY), um die es geht, die dich nervt, hilflos macht, überfordert etc., also mit negativen Empfindungen verbunden und belastend ist, die häufig in der Arbeit oder auch privat auftritt oder ständige Begleitmusik ist. Mit welchen Empfindungen oder Gefühlen hast du in dieser Situation zu tun?

Zweitens: Fragen nach Eigenaufträgen

Die folgenden Fragen werden nacheinander bearbeitet, die Interviewpartner*in notiert die Anworten auf ein Blatt, und zwar so, wie sie spontan »kommen«, ohne innere Zensur, auch wenn manche Antworten oder Impulse unvernünftig, unrealistisch oder unangemessen erscheinen. Denn all diese Impulse wirken trotzdem und werden schließlich zu Handlungen! Auch die/der Interviewer*in hält sich strikt an die Antworten, keine Kommentare oder gar Bewertungen, keine Lösungsvorschläge oder Derartiges!

Der Zeitbedarf für die weitere Arbeit ist ca. eine bis zwei Stunden, je nach Umfang des Themas. Die Fragen sind in Du-Form formuliert. Es werden möglicherweise mehrere Blätter für die Antworten benötigt.

1. *Wonach ist dir in der Situation XY gefühlsmäßig zumute, was würdest du am liebsten tun?*
2. *Was davon erlaubst du dir aber dann doch nicht? Und was könnte man als Metapher betrachten (z. B. Klient*in »schütteln« steht metaphorisch für sie/ihn »nachhaltig aufmerksam machen«)?*
3. *Welche persönliche Haltung zur Situation XY vertrittst du? Was solltest du aus deiner Sicht in der Situation XY tun, um dir selber und deiner Haltung, deinen Werten treu zu sein?*
4. *Wovon bist du überzeugt, wie du die Arbeit in der Situation zu erledigen hast, wofür du verantwortlich bist? (professionelle Sicht)*

5. *Welche inneren Aufforderungen spürst du in der Situation? (z. B. Mach's den anderen recht! Streng dich an! Kümmere dich um ...! Mach schnell! Mach's hundertprozentig gut! Sei stark, steh die Sache durch!)*
6. *Welches Bedürfnis regt sich in dir in der Situation? (z. B. nach Sicherheit, nach Anerkennung, nach Zufriedenheit, nach Ruhe, nach Wirksamkeit)*
7. *Welche Befürchtungen hegst du im Zusammenhang mit der Situation XY, je nachdem, was du tust oder auch nicht tust? Welche Befürchtungen hast du bezogen auf dich? Welche Befürchtungen bezogen auf andere? (Es passen Sätze wie: »Vermeide, dass ...!« oder »Verhindere, dass ...!«)*
8. *Wie könntest/solltest/müsstest du dich jetzt verhalten, damit du dich selbst und dem Sinn deiner Arbeit für dich/für deinen Lebensentwurf wiederfinden kannst?*
9. *Was fühlt sich für dich persönlich authentisch, angemessen an, damit du dich selbst achten kannst?*
10. *Welche Aufträge von außen (Arbeitgeber, Konzeption, Klienten, Angehörige) hast du angenommen?* Dies sind auch Eigenaufträge und kommen auf die Liste (siehe Auswertung).

Drittens: Auswertung

Als Nächstes werden die Antworten auf dem Blatt in Imperativsätze umformuliert, also Sätze wie: »Sorge dafür, dass ...!«, »Mach ... (irgendetwas Bestimmtes)!«, »Verhalte dich ... (in bestimmter Weise)!«, und mit einem Rufzeichen »!« am Schluss versehen. Der Interviewer kann bei der Umformulierung behilflich sein, aber eher dezent (nicht zu viel vorgeben). Bei den Fragen nach den Befürchtungen passen Sätze wie: »Vermeide, dass ...!«, »Verhindere, dass ...!« Auf diese Weise entsteht nun auf einem neuen Blatt eine Liste aller Eigenaufträge.

Wenn du jetzt alle Antworten auf dem Blatt, also die darin steckenden Eigenaufträge, anschaust und nachdenkst, was fällt dir auf?
- *Welche Anforderungen, die du da an dich stellst, sind objektiv nicht umsetzbar?*
- *Welche Aufträge von außen (Arbeitgeber, Konzeption, Klienten, Angehörige ...) hast du angenommen?*

- *Welche Eigenaufträge widersprechen sich, so dass du sie nicht zugleich erfüllen kannst?*
- *Welche Eigenaufträge zu erfüllen ist dir wichtig, bei welchen erscheint es dir nicht so wichtig?*
- *Sind es zu viele Eigenaufträge, ist das überhaupt leistbar?*
- *Welche möchtest du gleich streichen?*

Setze nun Prioritäten, zum Beispiel auf einer Skala von 5 bis 1: 5 = der Eigenauftrag ist für mich sehr wichtig, 1 = der Eigenauftrag ist eher unwichtig. Bearbeitet werden nun beispielsweise Eigenaufträge mit dem Wert 5 und 4 (eventuell noch 3)!

Markiere alle Eigenaufträge, die du bei kritischem Nachdenken fragwürdig findest; sie werden nun weiter untersucht (beim Interview macht dies die/der Interviewer*in mit dir zusammen.) Betrachte nun nochmals die markierten Eigenaufträge:
- *Wie könntest du sie abwandeln bzw. umformulieren? Welche könntest du ganz fallen lassen? Wo könntest du Prioritäten neu setzen? Vielleicht merkst du, dass du manche Forderungen an dich zumindest in der Situation hintanstellen kannst; was könntest du dir bei näherer Betrachtung durchaus erlauben?*
- *Wie lauten die jeweiligen neu formulierten Eigenaufträge?* (auf einem neuem Blatt aufschreiben, übernimmt eventuell die/der Interviewer*in)

Zum Schluss werden noch die Eigenaufträge aus der Liste, die nicht als problematisch eingestuft und beibehalten werden, zur neuen Liste hinzugefügt.

Viertens: Ergebnis

Wenn du die neu entstandene Liste der Eigenaufträge betrachtest, die jetzt für dich gültig sind:
- *Wie fühlt sich das jetzt im Vergleich zu vorher an?*
- *Wie könntest du dich unterstützen, um dich daran zu erinnern, wenn du wieder in so einer Situation bist, wer könnte dich außerdem dabei unterstützen?*

Hinweise und Beispiele

Manchmal ist nicht gleich ersichtlich, wie die Antwort auf die Fragen in der Form eines Eigenauftrags oder einer Aufforderung an sich selbst formuliert werden könnten.

Jemand könnte beispielsweise die Situation, um die es ihm geht, folgendermaßen skizziert haben: »Es nervt mich, wenn der Klient immer wieder dieselben Klagen vorträgt, aber nichts ändert!«

Auf die Fragen werden dann zum Beispiel folgende Antworten gegeben: »Ich will ihn gleich stoppen, wenn er anfängt.« Der Eigenauftrag dazu lautet: »Stoppe den Klienten gleich, wenn er anfängt!« Oder: »Es nervt, ich will ihm mal meine Meinung sagen, am liebsten würde ich ihn mal richtig schütteln!« Physisch schütteln wäre vielleicht hilfreich, ist aber im Kontext der Arbeit nicht erlaubt, der dazu im Widerspruch stehende Eigenauftrag lautet: »Fass den Klienten nicht an, das tut man nicht!« Was aber als veränderter Eigenauftrag geht: »Sag ihm die Meinung und rüttle ihn mal in seinem Denken auf!« oder »Spiegle ihm sein Verhalten und frage danach, was ihm selbst auffällt!«

Bezüglich den professionellen Gesichtspunkten wird geäußert: »Es gibt gute Gründe, warum der Klient sich so verhält, man muss warten, bis er für Veränderungen offen ist.« Dementsprechend lautet der Eigenauftrag: »Warte, bis der Klient für Veränderungen offen ist, habe Geduld!«

Bei Werten, Normen und Überzeugungen taucht jedoch der Gedanke auf: »Man soll nicht nur jammern, sondern was tun!« Das wird zum Eigenauftrag: »Bring den Klienten, die Klientin dazu, dass das Gejammere aufhört und er oder sie etwas an seiner bzw. ihrer Lage verändert!« Dieser Eigenauftrag ist jedoch verfehlt, weil man jemanden nicht dazu bringen kann, mit etwas aufzuhören – zumal es für Klient*innen oft eine Lösung ist, zu jammern.

Hinsichtlich der dahinterliegenden Bedürfnisse könnte eine Rolle spielen, dass man einen Erfolg sehen will. Bei den Sorgen spielt eine Rolle, dass der Klient den Kontakt abbricht und dass man es sich gerade finanziell leisten kann, Klient*innen zu »verlieren«. Dementsprechend lautet ein weiterer Eigenauftrag: »Bemühe dich darum, dass du den Klienten in der Betreuung behältst!«

Es ist offensichtlich, dass diese Eigenaufträge in ihrer Gesamtheit nicht zusammenpassen. Geht man den hinter den Eigenaufträgen stehenden Gründen und Zielen nach, wird wahrscheinlich deutlich werden, welche dieser Eigenaufträge verändert werden oder fallen gelassen werden können. Wenn der Glaubenssatz, dass Leute nicht nur jammern, sondern was tun sollten, eine große Rolle spielt, können daraus Ungeduld und Genervtsein resultieren. Bei kritischer Betrachtung stellt man außerdem fest: Leute müssen sich nicht verändern und sie werden es auch nicht tun, wenn sie nicht wollen; es liegt in ihrer Verantwortung und nicht in der Verantwortung des Beraters. Das könnte zu folgenden Veränderungen führen:

»Stoppe den Klienten, wenn du gerade keine Zeit zum Zuhören hast, ansonsten hör zu und frag ihn, welches Anliegen er an dich hat.«

»Frag dich innerlich, warum du dich genervt fühlst und ob du es auch gelassen nehmen kannst!«

»Behalte deine Belegung im Blick, aber beende die Betreuung, wenn es möglich ist und keinen Sinn mehr macht!«

»Dein Erfolg hängt nicht davon ab, ob der Klient sich ändert! Lass also los!«

10.3 Das Metamodell der Sprache: Methode und Erläuterungen

Die drei universellen Gestaltungsmechanismen des Modells, die ich im Folgenden vorstelle, sind unter anderem bei Bandler und Grinder (2011) ausgearbeitet. Sie verwenden in diesem Zusammenhang das Konzept der Universalgrammatik von Noam Chomsky: Danach liegen allen Sprachen bestimmte grammatikalische Strukturen zugrunde, die im Metamodell beschrieben werden. Der folgende Text ist an ihre Ausführungen angelehnt.

Tilgungen

Bei der Tilgung wird das Augenmerk nur auf einen bestimmten Ausschnitt einer Wahrnehmung oder Erfahrung gelenkt, andere bleiben unberücksichtigt oder werden gar nicht wahrgenommen. Dadurch wird die Konzentration auf das Wesentliche einer Wahrnehmung oder Erfahrung ermöglicht, so dass nur das wirklich Wichtige in Augenschein tritt. Getilgt werden Anteile, die im momentanen Erleben ablenkend oder irrelevant erscheinen. Wer beispielsweise ein Konzert besucht und während der Musik seine Aufmerksamkeit auf alle sonst noch wahrnehmbaren Dinge richtet, wird wenig Genuss empfinden können. Hier helfen Tilgungen (die übrigens nicht dasselbe wie selektive Wahrnehmungen sind, diese aber mit umfassen), sich ganz dem jeweiligen Interesse zu widmen. Bei der Bildung des Selbstwerts zum Beispiel, also der Landkarte von uns selbst, können Tilgungen zu traurigen Konsequenzen führen. Wer früh gelernt hat, *kein* Lob zu bekommen, wenn er etwas geleistet hat, neigt dazu, Lob, das er heute bekommt, zu »überhören« oder geringzuschätzen, Kritik aber umso höher zu bewerten. Das zeigt: Was im Modell nicht vorgesehen ist, wird eventuell auch nicht wahrgenommen, obwohl es wahrnehmbar wäre. Tilgungen im Modell wirken also wie ein Filter. Das Gleiche gilt für die beiden anderen Verarbeitungsformen.

Generalisierungen

Mit Generalisierung wird ein Gestaltungsprozess beschrieben, mit dessen Hilfe Erfahrungen und Wahrnehmungen, die *ähnlich* sind, zu Modellen gleichsam »verdichtet« werden. Wir müssen also nicht alles immer wieder neu erforschen, sondern sind in der Lage, ursprüngliche Erfahrungen auf ähnliche Situationen zu übertragen und uns auf diese Weise zu orientieren. Auf der Suche nach einem Stuhl oder einer Bank, auf der wir gerade rasten könnten, finden wir sie überall, wo es etwas gibt, was unserem Modell von *Stuhl* oder *Bank* hinreichend ähnlich ist. Wir entwickeln ein Modell der *Orange*. Wenn wir auf dem Markt Orangen kaufen möchten, brauchen wir glücklicherweise den Verkäufer nicht bitten, er möge zuvor jede einzelne Frucht aufschneiden und uns kosten lassen. Generalisierungen können uns auch vor negativen Erfahrungen schützen. So brauchen wir eine eingeschaltete Herdplatte nicht immer wieder aufs Neue berühren, um zu erfahren, dass wir uns daran verbrennen.

Dennoch kann die Modellbildung durch Generalisierungen einem Menschen erhebliche Probleme schaffen, vor allem, wenn sie in der Kindheit erfolgt. Ein Kind, das von seinen Eltern im Affekt wiederholt zu hören bekommt: »Kannst du nicht aufpassen, alles machst du kaputt!«, entwickelt ein entsprechendes Bild von sich selbst. Später wundert sich dieser Mensch, warum ihm so oft etwas herunterfällt oder andere Missgeschicke passieren. Beziehen sich negative Botschaften auf andere (z. B. »Trau keinem!«), können Misstrauen und Angst den Umgang dieses Menschen mit anderen prägen und ihn am Aufbau befriedigender Beziehungen hindern. In der Beratung scheitern vielleicht alle praktischen Lösungsversuche für dieses Problem, solange die zugrundeliegende Landkarte nicht verändert wird.

Verzerrungen

Die dritte Art der Modellbildung ist die Verzerrung. Es geht dabei nicht generell um Verfälschungen im negativen Sinn, wie es die alltagssprachliche Bedeutung des Wortes nahelegt.

Ähnlich wie zum Beispiel beim Blick durch eine Lupe ein Objekt größer, also verzerrt wahrgenommen wird, ermöglicht diese Art Gestaltungsprozess, individuelle Erfahrungen umzuformen. Alle Arten der fantasievollen Gestaltung sind Verzerrungsprozesse. Kein Maler, Architekt oder Planer könnte ohne Verzerrung aus etwas Bekanntem etwas Neues entwickeln. Verzerrungen können also eine positive Funktion haben. Sie können allerdings auch einschränkend wirken, wenn wir zum Beispiel beginnen, in unseren Gedanken Katastrophen zu konstruieren: Die *Vorstellung,* beim Besteigen eines Turms herunterzufallen, wird dann eventuell bedrohlicher als das tatsächliche Risiko, herunterzustürzen.

Landkarten

Das Ergebnis dieser Gestaltungsmechanismen kann mit der Metapher der Landkarte verdeutlicht werden. Für die Erstellung einer Landkarte sind besonders drei Elemente wesentlich, die Auskunft über die Beschaffenheit der Landschaft geben: Die Bereiche einer Landschaft sind *generalisiert,* wobei ganze Städte zu einzelnen Punkten zusammengefasst werden oder die vielen unterschiedlichen Straßen der Landschaft in drei Straßentypen unterteilt werden (Autobahn, Bundesstraße, Landstraße). Etliche Merkmale der Landschaft werden *getilgt,* weil die Darstellung aller Informationen eine Karte unlesbar machen würde. Außerdem wird die Landschaft mit Hilfe einer massiven Verkleinerung und mit der Reduzierung auf eine Fläche *verzerrt,* damit das Ganze überhaupt auf einem Blatt wiedergegeben werden kann.

Je nach dem, für was eine Karte gebraucht wird, gibt es unterschiedliche Abbildungen derselben Landschaft. Auch wir entwickeln unterschiedliche Landkarten, je nachdem, für was wir sie brauchen.

Abbildung 29 und 30 umfassen zwei grafische Darstellungen zum Metamodell. Was dieses Schema vor allem zeigen soll, sind es die sich immer wieder abspielenden Rückkoppelungsprozesse, die bewirken können, dass Landkarten oder Modelle nicht kritisch überprüft und neuen Gegebenheiten angepasst, sondern stattdessen durch vermeintliche Erfahrungen verfestigt werden. »Erfahrungen« sind nämlich nichts anderes als gedeutete Erlebnisse. Und die Bedeutung geben wir einem Ereignis entsprechend der Landkarte, in der sich ähnliche Ereignisse finden. Aber sogar unsere Worte und Gedanken haben Einfluss auf Landkarten und Erlebnisse und sind nicht nur deren verbalisierten Er-

Wahrnehmung und Sprache

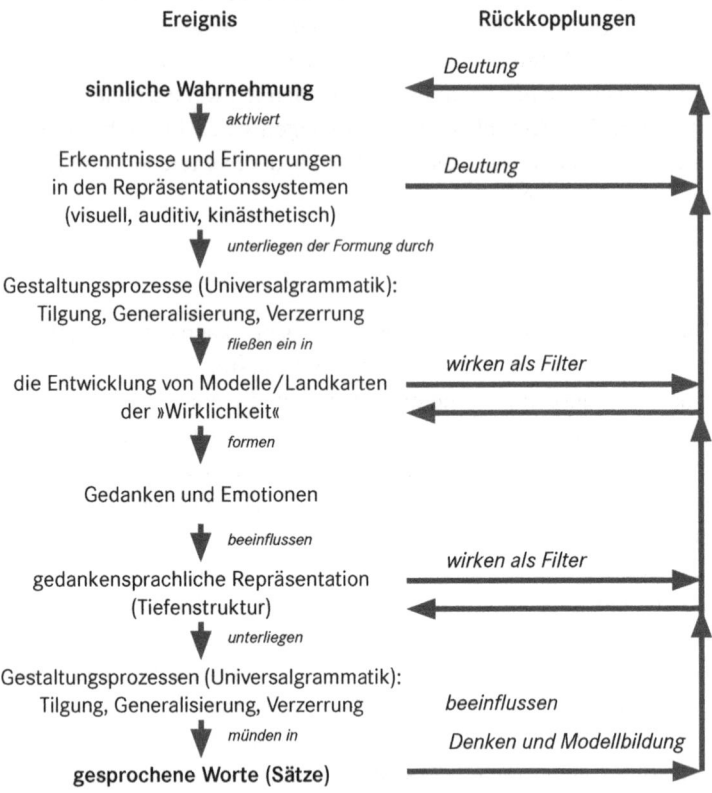

Abbildung 29: Modell der Verarbeitung sinnlicher Wahrnehmungen zum gesprochenen Wort

gebnisse! Wir lassen uns von Worten und Gedanken oft mehr beeindrucken, als uns lieb sein kann. All das kann man mit der Fragetechnik zu rekonstruieren versuchen. »Ich finde es unheimlich schwer, das alles herauszuhören, was man hören soll!«, sagen einige Seminarteilnehmer. Ich frage dann: »Macht dich dieser Gedanke mutig und optimistisch, erst einmal damit zu beginnen, Verzerrungen zu erhören, sonst nichts?«

Der linke Strang mit den nach oben weisenden Pfeilen beschreibt nochmals den inneren Prozess, wie es von den konkreten Erlebnissen

Landkarten erkunden

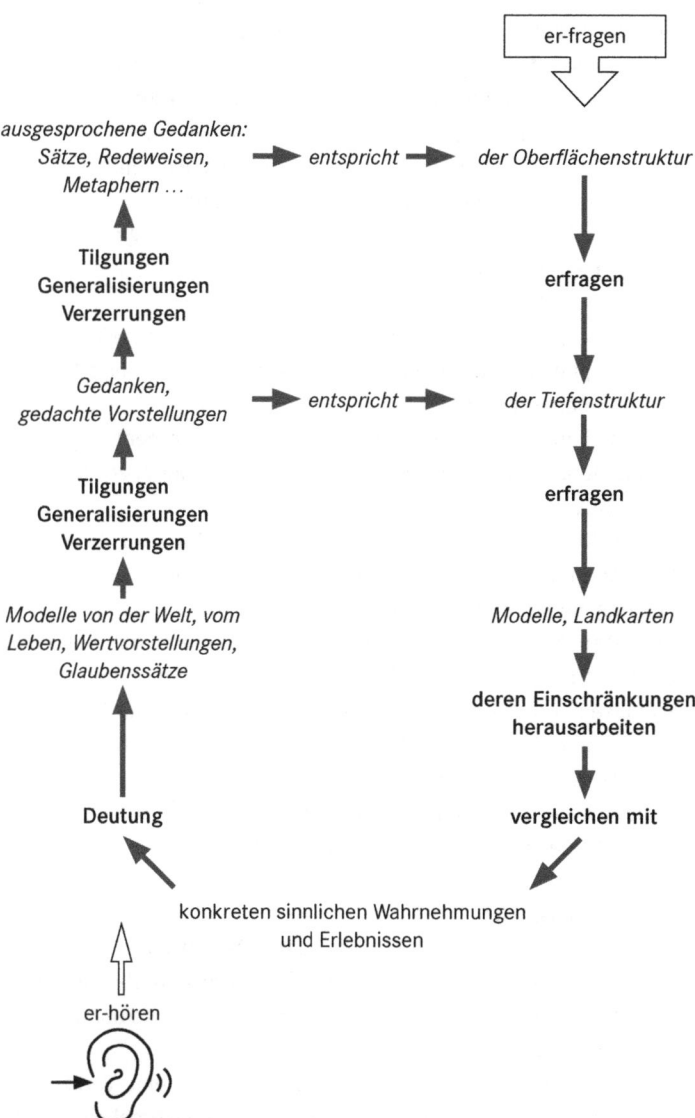

Abbildung 30: Das Metamodell – Landkarten erkunden

und deren Deutung über die Modelle ud Landkarten sowie deren Umsetzung in Gedanken schließlich zumgesprochenen Wort kommt. Der rechte Strang zeigt, wie der Prozess der Fragen Schritt für Schritt zur Rekonstruktion der ursprünglichen Wahrnehmungen und Erlebnisse kommt, die in irgendeiner problematischen Weise verwertet wurden.

Da in jedem Satz, der gesprochen wird, wie schon angedeutet meist mehrere Tilgungen, Generalisierungen und Verzerrungen enthalten sind und es wenig sinnvoll ist, sie alle zu hinterfragen, bedarf es einiger Kriterien für die Auswahl von Fragen. Diese Kriterien sind zugleich »Filter«, mit denen Berater*innen auf die Äußerungen ihrer Klient*innen hören, um Antwort auf folgende Fragen zu erhalten:

- Enthalten die Formulierungen der Klient*innen eine »Opferperspektive«, bei der der eigene Anteil an Ereignissen mehr oder minder übersehen wird?
- Gehen Klient*innen von Ursache-Wirkungs-Zusammenhängen aus, so als handele es sich um feststehende Tatsachen, zu denen es keine Alternative gibt?
- Geben Klient*innen (indirekt) die Verantwortung für die eigene Wahrnehmung, die eigenen Gefühle und Gedanken und schließlich das eigene Verhalten ab?
- Erzeugen Klient*innen durch Generalisierungen ein negatives Selbst- oder Weltbild, was bewirken kann, dass auch künftige Ereignisse nur durch diese negative »Brille« gesehen werden?
- Verwenden Klient*innen Nominalisierungen und machen dadurch unbewusst Handlungen oder Verhaltensweisen zu »Dingen«? Vermeiden sie durch Nominalisierungen »Ross und Reiter« zu nennen (als Teil einer Konfliktvermeidungsstrategie)?

Dazu einige Beispiele:
- »Du bringst mich ganz durcheinander!« Das ist eine Verzerrung: Niemand hat die Macht, jemanden völlig durcheinanderzubringen, es gehören immer zwei dazu: Ich lasse mich auch selbst aus dem Konzept bringen!
- »Ich kann mich nicht entscheiden!« Das ist auch eine Verzerrung: Entscheiden kann sich die Person schon, aber wahrscheinlich will sie sich aus wichtigen Gründen nicht entscheiden; das ist aber etwas anderes.

- »Alle haben etwas gegen mich!« Das ist eine übermäßige Generalisierung: Es bleibt unklar, woran die Person das erkannt haben will, und: Wenn es überhaupt stimmt, sagt die Person nichts über ihren eigenen Beitrag, nämlich wie sie es schafft, »alle« gegen sich aufzubringen. Es handelt sich also um eine Opferperspektive, bei der das eigene Verhalten ausgeblendet und auch die Verantwortung an andere abgegeben wird.
- »Ich habe Angstzustände!« Das ist eine Nominalisierung: Wann und wie ängstigt sich die Person? Welche Gedanken und Fantasien spielen eine Rolle? Das sind einige wichtige Fragen.

Zusammenfassend kann man sagen, dass Berater*innen sich auf wirklich ergiebige Fragen beschränken sollten. Sonst erzeugen sie eine Informationsflut, die weder ihnen und noch den Klient*innen weiterhilft. Einen Blick wert sind in diesem Sinne beispielsweise:
- vermeintliche Notwendigkeiten,
- alle Verzerrungen,
- ein fehlender Maßstab.

Die hauptsächlichen Zielrichtungen beim Einsatz dieser Fragetechnik sind:
- zu rekonstruieren, wie Klient*innen ihre Probleme durch ihre Landkarten konstruieren.
- zu untersuchen, wie Klient*innen ihre Modelle von sich selbst, von anderen und von Lebenssituationen einschränken, somit ihren Horizont verengen (es geht also um den Blick über den Tellerrand).
- zu untersuchen, wie Klient*innen das Spektrum zur Verfügung stehender Lösungsmöglichkeiten für ihre Probleme einschränken.

Tabelle 6 zeigt, wie Sie sich vom gesprochenen Satz zur inneren Welt »durchfragen« können.

Tabelle 6: Kurzübersicht zur Metamodell-Fragetechnik

Tilgungen/Löschungen	durch Fragen gelöschte Informationen (wieder-)gewinnen
Inhalte gelöscht	»Was genau ...?«
Raum und Zeit gelöscht	»Wann und wo ...?«
Personen gelöscht	»Wer ...?«
Art des Handelns gelöscht	»Wie ... (wurde etwas gemacht)?«
Maßstab bei Vergleich oder Steigerungsform nicht benannt	»So viel? Im Vergleich wozu?« »Mehr? Um wie viel mehr?«
Nominalisierung: in ein Ding verwandeltes Tun oder Prozess	(das Tun herausarbeiten): »Wer macht was und wie?«

Generalisierungen	mit Fragen Gültigkeit überprüfen
Verallgemeinerungen: alle, immer, nie ...	nach Ausnahmen forschen: »Wirklich ausnahmslos ...?«
Vermeintliche Notwendigkeiten: »Ich muss ...« »Ich kann nicht ...« »Ich darf nicht ...«	hinterfragen: »Wer verlangt es ...?« »Welche Fähigkeit fehlt dir ...?« »Wer kann es dir verbieten ...?«

Verzerrungen	hinterfragen, aufklären oder witzig konfrontieren (z. B. übertreiben)
Verkennung von Ursache und Wirkung und unüberprüfte Wenn-dann-Aussagen	»Könnten die Dinge auch anders zusammenhängen?«
Fantasien, Gedanken lesen	»Wie haben Sie das entdeckt?«
behauptete Allgemeingültigkeit einer Norm o. Ä. (das Wörtchen »man«)	»Für wen gilt das und warum?«
Äquivalenzen: Gleichsetzungen, die einer Prüfung nicht standhalten	»Wie haben Sie das entdeckt, dass ... (A) soviel bedeutet wie ... (B)?«

10.4 Die Fragetechnik des Chunking up und Chunking down

»Der Begriff Chunking bedeutet die Aufteilung einer Erfahrung in größere oder kleinere Einheiten. Chunking up bedeutet, dass man sich auf umfassendere und abstraktere Informationsebene begibt, indem man beispielsweise Züge, Autos und Flugzeuge in die Kategorie Transportmittel zusammenfasst. Chunking down (Herunterchunken) bezeichnet den Wechsel auf eine spezifischere Ebene der Information« (Dilts, 2006, S. 67).

In unserem Fall dient die Umsetzung eines Eigenauftrags dazu, ein bedeutsameres und umfassenderes Ziel zu erreichen, nämlich zum Beispiel die eigenen Werte und Normen zu verwirklichen. Gelingt das immer wieder, bedeutet das meistens, im Einklang mit sich selbst und der Überzeugung zu sein, ein sinnvolles Leben zu führen. Für etliche Menschen gibt es noch einen darüber hinausgehenden Bezug. Der ist ihnen »heilig«. Die Umsetzung von Eigenaufträgen dient also auch dem höheren Ziel, im Einklang mit dem »großen Ganzen« zu leben.

Man kann also von einer Zielehierarchie sprechen, die wir in uns tragen und die wir häufig in einer Wenn-dann-Logik gestalten: Es gibt nur diesen einen Weg nach ganz oben! Und wenn der scheitert oder auch nur zu scheitern droht, beginnt eine Art Überlebenskampf, der jenseits des reinen physischen Überlebens liegt.

Dass es für einen Menschen praktisch immer noch andere Möglichkeiten gibt, um höhere und die höchsten Ziele zu erreichen, erschließt sich nur, wenn man diese erkundet. Dazu können Chunking-down-Fragen dienen. In der Metapher ausgedrückt: Es gibt mehrere »Wege nach Rom«, nicht nur den einen, den man sich zurechtgelegt hat. Gebraucht wird dazu, was man *Möglichkeits*konstruktion nennt. *»Wie wir sahen, ist dir XY das Allerwichtigste im Leben. Könnte es noch einen anderen Weg dorthin geben, als den einen, der dir verwehrt ist? Was könnte das sein?«*

So kann man sich Schritt für Schritt in den logischen Ebenen herunterarbeiten, ich spreche hier von Konkretisierungsstufen:
- Erste Konkretisierungsstufe: »Bisher steht für dich in der Skizze A' an oberster Stelle. Wenn das nicht erreichbar wäre, was könnte stattdessen für dich zuoberst stehen?«

- Zweite Konkretisierungsstufe: »Welche andere Wege könnten dort hinführen, so dass für dich eine Wahlmöglichkeit entsteht?«

Es zeigt sich meistens, dass es also nicht nur ein an oberster Stelle stehendes Ziel gibt, sondern außerdem auch verschiedene konkrete Wege, um jeweils dorthin zu gelangen. Diese Erkenntnis nimmt oft den Druck heraus, das Bild von einem Baum mit einem weit verzweigten Wurzelwerk bietet sich hier an.

Bei der Frageform des Chunking up wird der umgekehrte Weg eingeschlagen, die weit verzweigten Baumkrone steht nun im Vordergrund. Das bedeutet, sich im Interview Stufe für Stufe in den (neuro-)logischen Ebenen nach oben zu allgemeineren und zugleich wichtigeren Zielen der Person zu bewegen (nachfolgend mit A, A', A" abgekürzt).

Ich nenne das Generalisierungsstufen. Man arbeitet mit dem Konjunktiv, um den Möglichkeitsraum zu erschließen und damit der befragten Person tieferen Zugang zu sich selbst zu ermöglichen, was meiner Beobachtung nach meist erstaunlich rasch geht. Ausgangspunkt sind konkrete Eigenaufträge, deren Bedeutsamkeit für die Person erkundet wird. Dazu noch einmal das Schema aus der siebten Erkundungsreise:

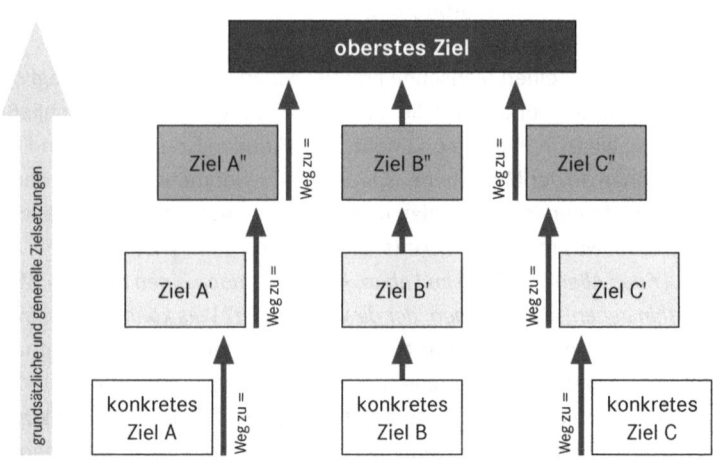

Abbildung 31: Wege zum obersten Ziel

Die Abbildung zeigt mehrere »Wege nach Rom«, wenn »Rom« für »oberstes Ziel« steht. Im Schema werden drei Wege gezeigt, die alle dorthin führen. Wenn der Weg A nicht zielführend ist, dann klappt es vielleicht mit Weg B oder C. Die Pfeile markieren die *Umsetzung* eines Eigenauftrags. Anhand des Schemas ergeben sich zahlreiche Fragemöglichkeiten bezüglich des Chunking up und Chunking down.

Erste Generalisierungsstufe:
Frage: *»Angenommen, du würdest das Ziel A durch die Umsetzung eines bestimmten Eigenauftrags erreichen, was würde das für dich bedeuten, was hättest du dann für dich (auf einer nächsten Ebene) erreicht oder verwirklicht?«* (sinngemäß das Ziel A'; Umsetzung eines Eigenauftrags auf der nächsten Ebene)
Mögliche Antwort: »Wenn ich meinen Eigenauftrag umsetzen könnte, der Klientin wirklich zu helfen, dann würde ich mir bescheinigen können, dass ich professionell gearbeitet habe.«

Zweite Generalisierungsstufe:
Frage: *»Und angenommen, dir würde es immer wieder gelingen, dass du dein Ziel, professionell zu arbeiten, erreichst, was würde das wiederum für dich bedeuten, was hättest du dann für dich verwirklicht?«*
Mögliche Antwort (im obigen Beispiel weitergeführt): »Wenn es mir immer wieder gelingen würde, professionell zu arbeiten, dann würde meine Arbeit für mich sinnstiftend sein.«

Dritte Generalisierungsstufe:
Frage: *»Angenommen, später einmal, im Rückblick auf dein Leben und deine verschiedenen Tätigkeiten, könntest du dir bestätigen, dass dein Handeln meist sinnvoll und wertvoll war: Was würdest du über dich und dein Arbeitsleben (deinen Beruf) denken?«*
Mögliche Antwort: »Das war dann für mich ein erfolgreiches Arbeitsleben. Ich hätte dann auch anderen Menschen nützlich sein können. Das würde mich erfüllen! Und ich wäre auch stolz auf mich.«
Der Rückblick *aus der Zukunft* in die Vergangenheit bringt auf dieser Generalisierungsstufe ins Bewusstsein, wie man leben möchte und wofür. Wir alle tragen Vorstellungen davon in uns, weswegen wir dazu,

manchmal nach einigem Nachdenken, darauf antworten können, was das für uns heißt.

Einige Hinweise und ein Ausblick sollen diese Passage beschließen:
- Bei der Formulierung der Ziele wählen Klienten manchmal auch Negationen, zum Beispiel: »Ich möchte mich nicht so quälen müssen!« Es empfiehlt sich, gemeinsam eine positive Formulierung zu finden. »Sondern?« oder »Stattdessen?« sind dabei sehr hilfreiche Schlüsselfragen (vgl. Prior, 2020).
- Meistens ist nach bereits zwei oder drei solcher Stufen »Schluss«, bei weiteren Nachfragen würde man sich nur noch im Kreis bewegen.
- Das Wort »bedeuten« ist unterschiedlich zu verstehen. Gemeint ist sinngemäß: *»Was bedeutet dir das?«* »Sehr viel!«

Hilfreiche Fragen sind auch:
- *»Wenn du das Zwischenziel betrachtest, zu dem bisher nur ein Weg zu führen scheint: Welche andere Wege könnte es hier geben?«*
- *»Welche verschiedenen konkreten Schritte fallen dir ein, um dieses Zwischenziel zu erreichen? Welche Möglichkeiten könnte es noch geben?«*

Dieser manchmal steinige Weg lohnt sich, denn wenn die Analyse und Veränderung problematisch wirkender Eigenaufträge gelingt, sieht das Ganze so aus:

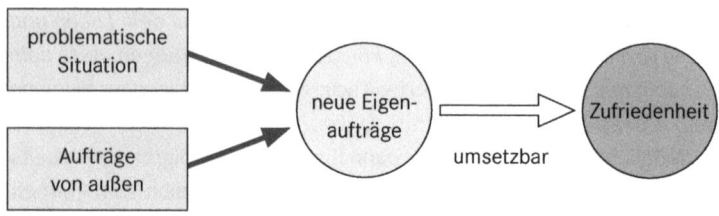

Abbildung 32: Eigenaufträge und Zufriedenheit

Ich wünsche Ihnen viel Erfolg auf diesem Weg.

Literatur

Antonovsky, A. (1997). Salutogenese: Zur Entmystifizierung der Gesundheit. In Forum für Verhaltenstherapie und psychosoziale Praxis (Vol. 36). Tübingen: dgvt-Verlag.

Bandler, R., Grinder, J. (2011). Metasprache und Psychotherapie (12. Aufl.). Paderborn: Junfermann.

Bebenburg, M. von (2008). Wege aus dem Labyrinth – Wie Beratung gelingen kann. Neu-Ulm: Verein zur Förderung der sozialpolitischen Arbeit, AG Spak Bücher.

Bergner, T. M. (2010). Burnout-Prävention: Sich selbst helfen. Das 12-Stufen-Programm. Stuttgart: Schattauer Verlag.

Bolliger, J. (2020). Grundlagen der Transaktionsanalyse: kurz und bündig. Norderstedt: BoD–Books on Demand.

Büntig, W. (1995). Beachtung – ein menschliches Grundbedürfnis. Münsterschwarzach: Vier-Türme-Verlag.

Conen, M. L. (1999). »Unfreiwilligkeit« – ein Lösungsverhalten. Familiendynamik, 24 (3), 282–297.

Dilts, R. B. (2001). Die Magie der Sprache. Paderborn: Junfermann.

Dilts, R. B. (2006). Die Veränderung von Glaubenssystemen: NLP-Glaubensarbeit. Paderborn: Junfermann.

Dilts, R. (o. J.). (Neuro-)Logische Ebenen. Zugriff am 01.12.2022 unter https://www.landsiedel-seminare.de/nlp-bibliothek/nlp-master/m-04-00-neurologische-ebenen.html.

Fiedler, C., Goldschmid, I. (2012). Burn-out: erprobte Wege aus der Falle. München: C. H. Beck.

Festinger, L. (2012). Theorie der Kognitiven Dissonanz (unveränderter Nachdruck der Ausgabe von 1978). Bern: Huber Verlag.

Geißler, K. A., Geißler, J. (2017). Time is honey: Vom klugen Umgang mit der Zeit. München: oekom verlag.

Havel, V., Hvížďala, K. (1987). Fernverhör: ein Gespräch mit Karel Hvížďala. Reinbek: Rowohlt.

Heller, J. (2017). Das Kohärenzgefühl. Zugriff unter www.juttaheller.de am 04.10.2022.

Kahler, T. (1975). Drivers: The Key to the Process of Scripts. Transactional Analysis Journal, 5 (3), 280–284.

Kahneman, D. (2016). Schnelles Denken, langsames Denken. München: Penguin.

Landsiedel, S. (o. J.). Das Meta-Modell der Sprache. Zugriff am 04.10.2022 unter https://www.landsiedel-seminare.de/nlp-bibliothek/practitioner/p-04-00-meta-modell.html

Lukas, E. (2021). Alles, was uns widerfährt, kann als eine Frage des Lebens an uns ausgelegt werden. Hohe Luft, 6, 52–55.

Mary, M. (2012). Die Glückslüge. Gelassenheit statt Machbarkeitswahn. Lüttow: Nordholt.

Maturana, U., Varela, F. J. (2009). Der Baum der Erkenntnis: Die biologischen Wurzeln menschlichen Erkennens (3. Aufl.). Frankfurt am Main: Fischer Verlag.

Meyer-Erben, C., Zander-Schreindorfer, U. (2021). Hypnosystemisch arbeiten: Ein kleiner Praxisleitfaden. Göttingen: Vandenhoeck & Ruprecht.

Niederberger, L. (2011). Die Kunst engagierter Gelassenheit. Wie man brennt, ohne auszubrennen. München: Kösel.

Prior, M. (2020). MiniMax-Interventionen. Heidelberg: Carl-Auer Verlag.

Scheurmann, E. (2002). Der Papalagi: Die Reden des Südseehäuptlings Tuiavii aus Tiavea. München: Köln: Bastei Lübbe.

Schiff, J. L., Schiff, A., Schiff, E. (1977). Bezugsrahmen. Neues aus der Transaktionsanalyse, 1, 128–132.

Schmid, W. (2007a). Glück: Alles, was Sie darüber wissen sollten, und warum es nicht das Wichtigste im Leben ist. Berlin: Suhrkamp.

Schmid, W. (2007b). Mit sich selbst befreundet sein: Von der Lebenskunst im Umgang mit sich selbst. Berlin: Suhrkamp.

Schmidbauer, W. (1978). Die hilflosen Helfer: Über die seelische Problematik der helfenden Berufe. Reinbek: Rowohlt.

Schmidt, G. (2004). Liebesaffären zwischen Problem und Lösung: Heidelberg: Carl-Auer.

Schmidt, G. (2012). Probleme als Botschaft von Bedürfnissen. Müllheim-Baden: Auditorium Netzwerk.

Schmidt, G. (2015). Nutzung von Krisen als Chancen. Müllheim-Baden: Auditorium Netzwerk.

Schmidt, G. (2018). Das Prinzip des polynesischen Segelns. Vortrag auf der wissenschaftlichen Jahrestagung der DGSF 2018 in Oldenburg.

Schwing, R., Fryszer, A. (2015). Systemische Beratung und Familientherapie – kurz, bündig, alltagstauglich. Göttingen: Vandenhoeck & Ruprecht.

Schulz von Thun, F. (1988). Miteinander reden, Band 1: Störungen und Klärungen. Hamburg: Rowohlt.

Schulz von Thun Institut für Kommunikation (2022). Das Kommunikationsquadrat. Zugriff unter https://www.schulz-von-thun.de/die-modelle/das-kommunikationsquadrat am 26.09.2022

Servan-Schreiber, D. (2006). Die neue Medizin der Emotionen: Stress, Angst, Depression: gesund werden ohne Medikamente. München: Antje Kunstmann.

Smith, G. L. (1998). The present state and future of symbolic-experiential family therapy: A post-modern analysis. Contemporary Family Therapy, 20 (2), 147–161.

Thurber, J. (2006). 75 Fabeln für Zeitgenossen (21. Aufl.). Reinbek: Rowohlt.

Varga von Kibéd, M., Sparrer, I. (2014). Systemische Strukturaufstellungen. Müllheim-Baden: Auditorium Netzwerk.
Watzlawick, P., Beavin, J. H., Jackson, D. D. (2016). Menschliche Kommunikation. Formen, Störungen, Paradoxien. Bern u. a.: Hogrefe.
Weigel, H. (1988). Ist Pünktlichkeit heilbar? Zürich: Kreuz-Verlag.

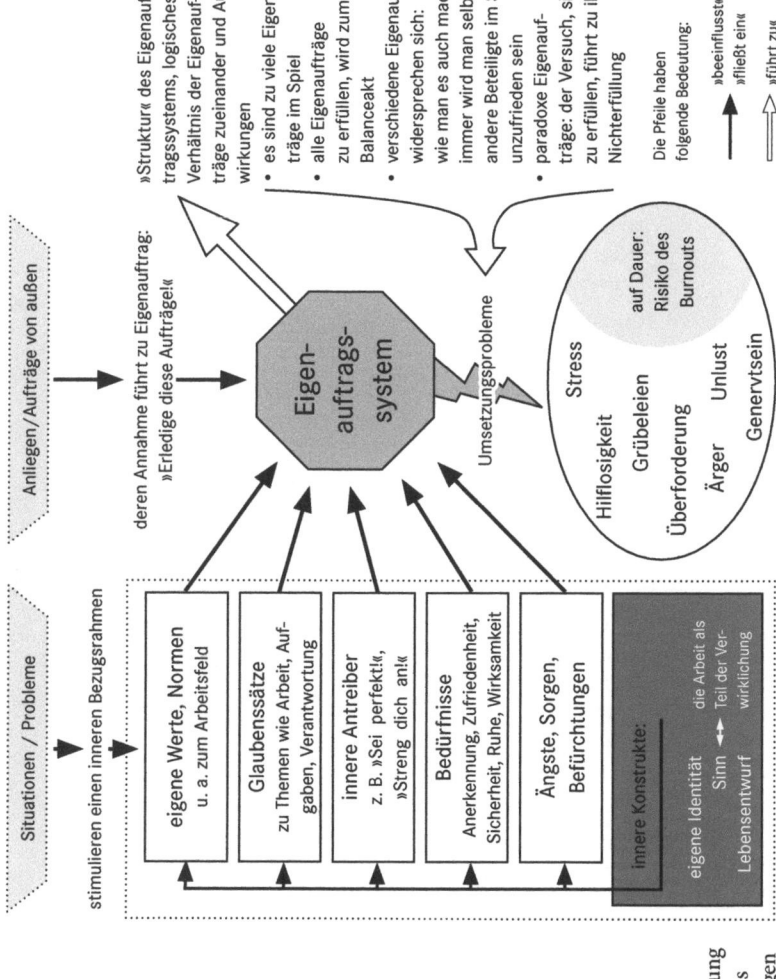

Abbildung 6: Die Entstehung eines Eigenauftragssystems und mögliche Auswirkungen